JN331262

月本直子編

高野山西南院藏本往生要集總索引

古典籍索引叢書 5

古典研究會

築島 裕 監修

原本所蔵

往生要集 高野山西南院

「古典籍索引叢書」刊行に當つて

先般「古辭書音義集成」を編纂して、古典籍の影印を企畫した折には、專門的な典籍であるにも拘らず、江湖の士より多くの御支援を頂き、全二十册を刊行することが出來た。これは、古寫本といふ第一等資料が學界で重視され、活用されてゐる、何よりの證しであると思はれる。

近年、古典籍の索引の編纂刊行は、厖大な數に上つてゐる。その編集方針も、編者により千差萬別であるが、筆者は、「古辭書音義集成」編纂の趣旨を活かして、後世の轉寫本や活字本でなく、出來る限りの古い時代の、しかも信憑性の高い本文を備へた、資料的價値の高い寫本を選び、それに直接基づいた索引の類を集成して、索引叢書を編することを企畫した。本文については、近時刊行されて容易に見得るものはこれを省略したが、未刊行のものや、往年刊行されて、現在入手の困難なもの等については、その影印又は翻刻を併せて收載した。

本叢書に收めた文獻は、何れも國語學、國文學、國史學等の研究資料として、夙に定評のあるものであるが、凡て編者自身によつて、他の助力無しに親しく編纂されたものである。各册ごとに體裁は必ずしも統一されてゐないが、夫々に編者の創意工夫が盛り込まれた、努力研鑽の成果である。この叢書が、諸學の研究に聊かでも貢獻することが出來れば幸甚である。

この刊行に當つては、貴重なる文獻の影印・翻刻に關して、宮内廳書陵部、東京國立博物館、名古屋市博物館、石山寺、醍醐寺、高野山西南院、陽明文庫、德川黎明會、五島美術館、學習院大學、書藝文化院等より、格別の御高配、御允許を賜り、鷲尾隆輝猊下、鷲尾遍隆師、麻生文雄猊下、故和田有玄猊下、和田有伸師、岡田祐雄師、加來大忍師、名和修氏、大野晉博士、故木村正中教授、岡崎久司氏を始とする多くの方々には、種々御芳情を忝うした。又、古典研究會の會員諸氏から、多くの有益な御助言、御援助を賜つた。關係各位の御厚意に對し、深甚なる感謝の意を捧げる次第である。

平成五年一月

古典研究會代表者
米山寅太郎

同「古典籍索引叢書」監修者
築島裕

古典籍索引叢書　第五巻　目次

「古典籍索引叢書」刊行に當って……米山寅太郎　築島裕

高野山西南院藏本 往生要集總索引……月本直子 編

解説……(五)

凡例……(一〇)

影印……一

翻字本文……四五

翻字注……七六

語彙索引……七九

卅帖策子目錄　影印……一七九

卅帖策子目錄　翻字本文……二一五

あとがき……二二五

高野山西南院藏本 往生要集 解説

「往生要集」は、比叡山延暦寺横川首楞厳院の源信が永観二年（九八四年）十一月に撰集し、翌年四月に筆を擱いた書である。その写本の内、漢文で書かれた現存最古のものが、平安時代（十一世紀後半頃）書写の最明寺本「往生要集」である。本書『高野山西南院藏本往生要集』（『假名書き往生要集』）は断簡（四十二丁）ではあるが、平仮名本の「往生要集」の最古の写本であり、院政期・治承五年（一一八一年）以前に書写されたことがわかっている。財津永次氏（「西南院蔵往生要集断簡」『佛教藝術』第五十七号〈一九六五年〉毎日新聞社）によると、「仮名の書風よりして、（治承五年から）それ程離れたものではない」とされている。

本書『假名書き往生要集』は、現在、『卅帖策子目錄』（『三十帖策子目錄』）の紙背に書写された形になっているが、書写年代は『假名書き往生要集』の方が古い。すなわち、『卅帖策子目錄』が書写されている料紙は、もともとは『假名書き往生要集』が書写されていた冊子本を解き広げて継ぎ合わせたものであり、その裏に『卅帖策子目錄』が書写されたのである。

まず、右に挙げた『卅帖策子目錄』について述べる。

『卅帖策子』（『三十帖策子』・『三十帖册子』）とは空海が在唐中に唐の書生等にも手伝わせて筆写したといわれる密教の経典・儀軌の類である。請来の後、後人により作られたその目録を『卅帖策子目錄』あるいは『根本大和尙眞跡策子等目錄』という。

当該『卌帖策子目錄』は、全文ではなく、「第廿一帙」から末尾と推定される部分までの内容が記されている。

巻子装、表紙、紐、軸は新補。料紙は第一紙、第二紙は楮紙様（楮の粗繊維あり）で、第三紙〜第十三紙は斐紙様に楮を混ぜたもの。天地約二九・五センチを算し、罫は無い。

巻頭紙背（『假名書き往生要集』と同面）に後筆（財津永次氏前掲論文によると江戸時代）で「仁王經念誦法」という外題が書かれているが、この題は本文一行目の「仁王經念誦法」から取っている。

本文は第一紙の「仁王經念誦法一巻」に始まり、第十二紙まで書かれている。

第十二紙に書かれた奥書には、

治承五年壬（閏）二月廿二日於嵯峨水本僧房
書寫了
金剛佛子靜幸

とある。

この奥書により、『假名書き往生要集』は治承五年以前の書写であることが知られる。

次に『假名書き往生要集』について述べる。

この書は『卌帖策子目錄』の第三紙から第十二紙の裏、及び十三紙の表に書かれている。前述したように、この書は、冊子本を解き、ばらばらにして全く別の形につなぎ合わせたため、元の形は失われ、丁数の順序が錯綜しており、落丁も存する。また、巻子本に改めた時、天地を截断していることもあって、欠落した部分も多い。

現在のこの書の形態は、後の図に示すように、基本的に一紙は、縦約二九・五センチ、横約四六・〇センチであり、各紙それぞれ四丁分の仮名文が書かれている（第十三紙のみ横約一二・二センチで、二丁分）。もと冊子本であったことを考え合わせると、一紙は、四つ折りにして紙の長い方を縦にして仮名文を書き、一紙の長い方の折り目の側に約一センチメートルの間隔で二つの綴じ穴を開けてから、再び開いて一枚の紙にした形である。文の向きは、短い方の折り目を境にして天地逆書きになっている。財津永次氏は、綴じ方は約五枚を各紙二つ折りにして重ねて更に二つ折りとし、折り目を綴じた体裁であったと述べられている（「西南院蔵往生要集断簡」〈『佛教藝術』第五十七号、一九六五年〉）。

本書、『假名書き往生要集』は漢文訓読の加点本に手を加えたものと考えられ、漢文を易しい平仮名文に改めることにより、広く、女性や子供も「往生要集」を享受することができるようにするという目的で書かれたものであろう。十二世紀に使われていた言葉の姿が立ち現れている本書は、文学研究のみならず、国語学的にいっても貴重な資料になりうるものと考えられる。

『冊帖策子目録』裏面の『假名書き往生要集』の継ぎ合わせ方

数字は丁数、↓は字の方向、┆は折り目、：は綴じ穴を表す。

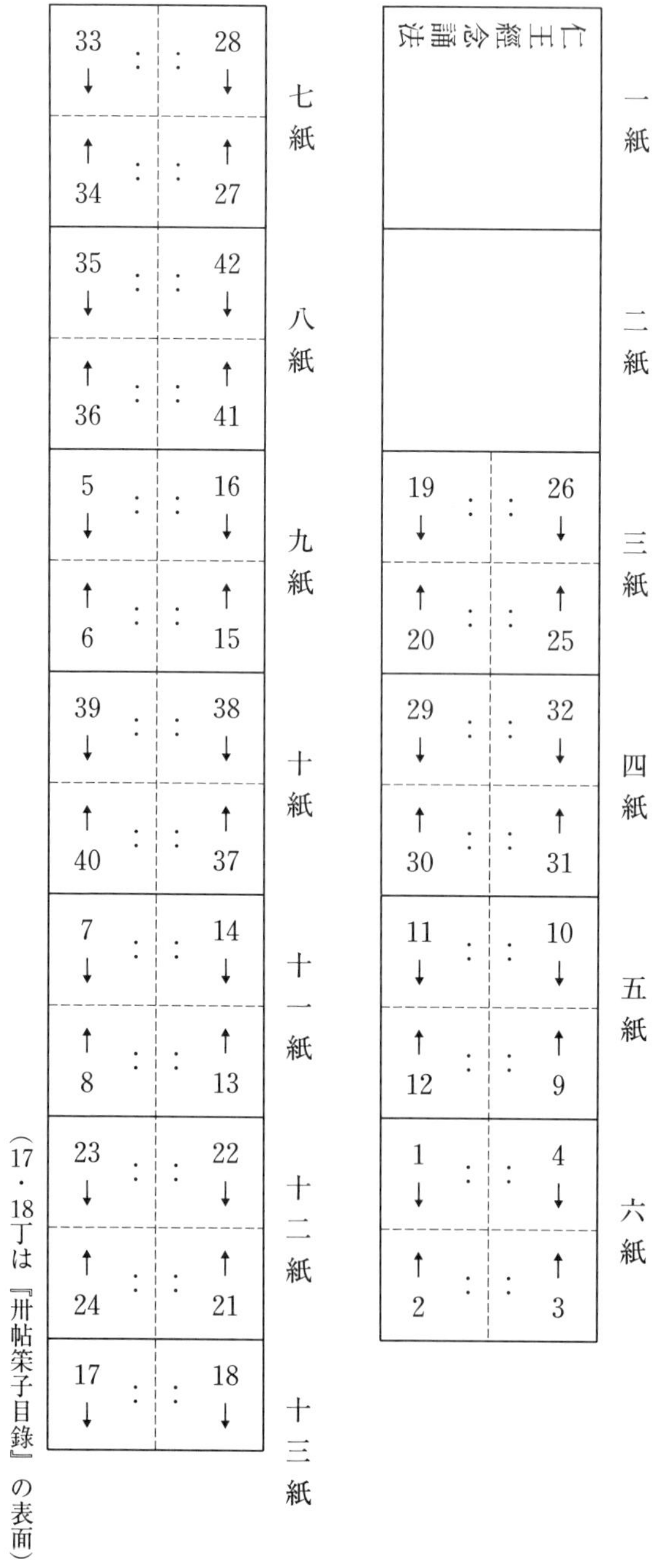

一紙
二紙
三紙
四紙
五紙
六紙
仁王經念誦法
19 ↓ 26 ↓ ↑ 20 ↑ 25
29 ↓ 32 ↓ ↑ 30 ↑ 31
11 ↓ 10 ↓ ↑ 12 ↑ 9
1 ↓ 4 ↓ ↑ 2 ↑ 3
七紙
八紙
九紙
十紙
十一紙
十二紙
十三紙
33 ↓ 28 ↓ ↑ 34 ↑ 27
35 ↓ 42 ↓ ↑ 36 ↑ 41
5 ↓ 16 ↓ ↑ 6 ↑ 15
39 ↓ 38 ↓ ↑ 40 ↑ 37
7 ↓ 14 ↓ ↑ 8 ↑ 13
23 ↓ 22 ↓ ↑ 24 ↑ 21
17 ↓ 18 ↓
（17・18丁は『冊帖策子目録』の表面）

『假名書き往生要集』所用平仮名字体表

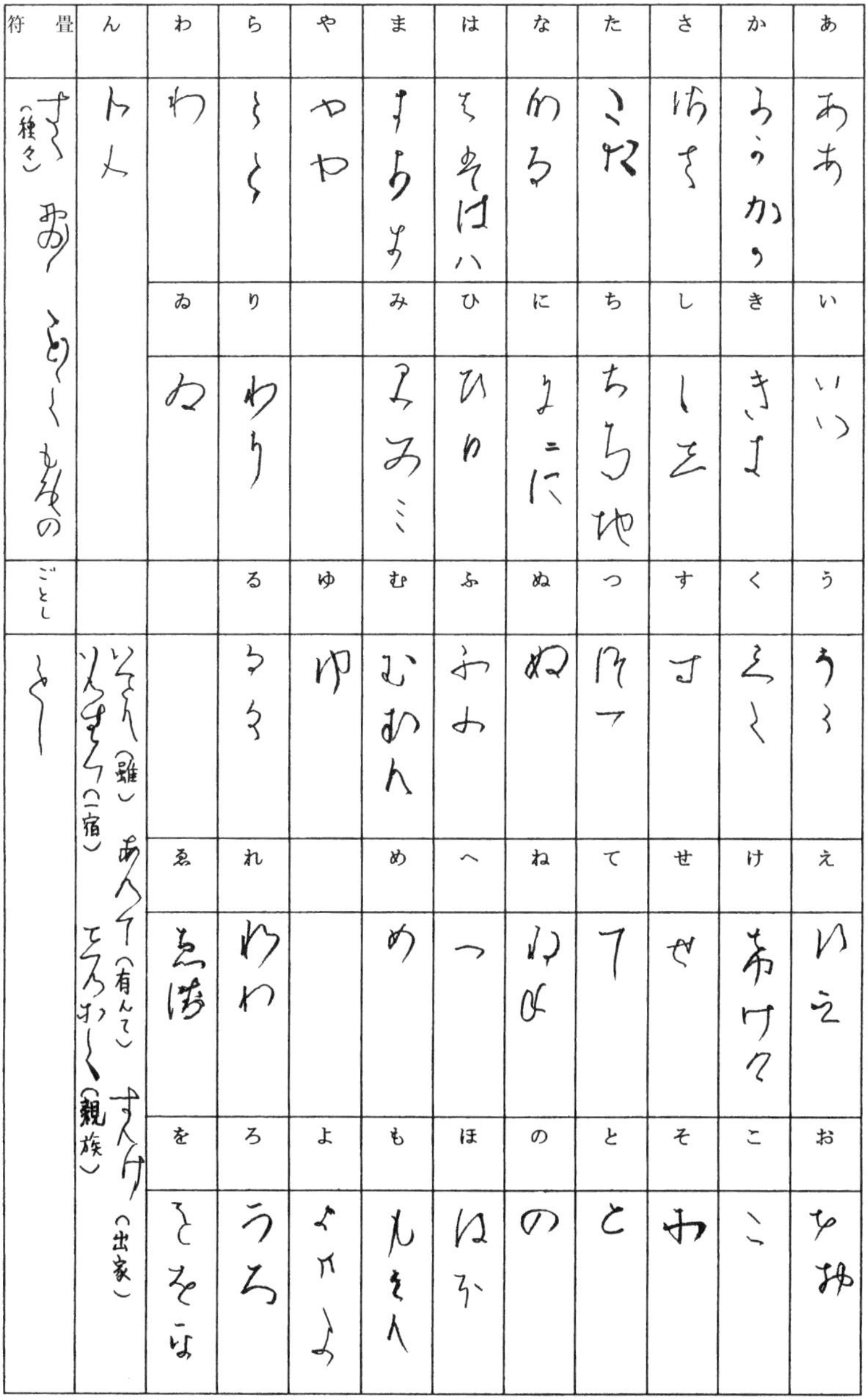
あ い う え お
か き く け こ
さ し す せ そ
た ち つ て と
な に ぬ ね の
は ひ ふ へ ほ
ま み む め も
や ゆ よ
ら り る れ ろ
わ ゐ ゑ を
ん
（雖）
（宿）
（有んて）
（親族）
（出家）
畳符
（種々）
ごとし

高野山西南院藏本往生要集　凡例

影印

一、この影印は、『高野山西南院藏本往生要集』を高野山西南院当局の御許可を得て、原本から直接に撮影したものを、原寸の約九三％に縮小して、印刷したものである。
一、原文では、本文の順序が混乱しているので、正しかるべき順序に訂正し、漢数字で丁数を、算用数字で行数を示した。
一、原本の表に書かれた『卅帖策子目錄』は、巻末に「影印」と「翻字本文」を収録した。

翻字本文

一、この本文は、『高野山西南院藏本往生要集』を翻字したものである。
一、原文では、本文の順序が混乱しているので、正しかるべき順序に訂正し、漢数字で丁数を、算用数字で行数を示した。
一、翻字に当たっては、財津永次「西南院蔵往生要集断簡」（『佛教藝術』第五十七号〈一九六五年〉）を参考にした。
一、翻字本文の丁数・行数は、西崎亨『高野山西南院蔵往生要集』断簡付自立語用語索引』（和泉書院影印叢書8、一九八六年）の翻字の丁数・行数に従って示した。但し、行数は必ずしも一致しない。

一、原文中の平仮名に漢字を宛てる場合、『最明寺本往生要集影印篇』（汲古書院、一九八九年）を随時参考にした。
一、原文に誤字、宛字があってもそのまま翻字した。
「廾」のような抄物書きはその形のまま翻字し、左傍に（菩薩）と注記した。
一、「む」と「ん」とは、原文の仮名字体には「む」「ん」などが用いられており、両者の書き分けは明確ではない。しばらく「む」は「む」、「ん」は「ん」と翻字した。
一、「ん」という字体は、「ん（n）」、「っ（t）」、「む（mu）」、「も（mo）」などの複数の音を表すのに用いられているので、この字体「ん」を翻字する際には次のように扱った。
1「ん（n）」を表すと考えられる例は「もんすしり（文殊師利）」「しんそく（親族）」のように「ん」と翻字した。

2「っ（t）」を表すと考えられる例は「あん（有）て」「もんて（以）」「すんけす（出家）」「きへん（記別）」のように「ん」と翻字した。

3「む（mu）」を表すと考えられる例は「心あらん」「なんち（汝）」のように「ん」と翻字したが、「あひむつふ（相睦）」は「む」と翻字した。

4「も（mo）」を表すと考えられる例は「いへとも（雖）」「とも（友）」のように「も」と翻字した。
一、歴史的仮名遣いに誤りのある場合、「あやう（ふ）く」のように、語の右傍の（　）に正しかるべき形を示した。
一、原文中の平仮名、誤字には「ふ上（不浄）」のように、当てはまるべき漢字を左傍の（　）に書いた箇所もある。
一、原文に訂正箇所がある場合は、次のように記した。
1墨消の場合、消された字を「　」内に示し、『さと（墨消）「り」ナは』のように示した。抹消された字が不明の時は、□で表した。

2訂正したと思われる箇所で墨消のない所は、「きたらはむ」のようにそのまま示した。

一、原文が欠落したり、ごく一部しか残っておらず、読むことができない部分は、□で表した。原文が全く或いは殆ど欠落していても、『最明寺本往生要集』などにより本文が推定される場合は、□（しるへし）のように推定される本文を（　）内に示した。

一、原文の欠損が一部分に止まる場合、その部分の推定される本文は「[た]とへは」のように□で囲んで記した。

一、「＊」を付して注を施した箇所がある。

語彙索引

一、この索引は、『高野山西南院蔵本往生要集』の本文に用いられたすべての語彙を、五十音順に配列したものである。

一、語の所在は「翻字本文」の丁数と行数とによって示した。

一、見出し語は、和語・字音語を区別せず、すべて片仮名で表記した。

一、見出し語には品詞名を適宜付記した。但し、名詞はこれを省略した。また、用言についてはタ行四段活用の動詞を［動・タ四］、ク活用の形容詞を［形・ク活］のように略して示した。

一、同一の表記の見出し語の順序は、原則として、名詞・動詞・形容詞・副詞・助動詞・助詞とした。尚、形容動詞は項目として立てていない。

一、索引の用例の表記は、原則として、「翻字本文」に準拠した。但し、「井」のような抄物書きは通常の字形「菩薩」に直した。

一、見出し語の仮名遣いは、歴史的仮名遣いに従った。但し、平安時代後期の音韻体系の実態に従い、「き」と「くゐ」、「ぎ」と「ぐゐ」、「け」と「くゑ」、「げ」と「ぐゑ」とは区別した。また、平安時代末期の標準的な音韻体系にmとnとの区別があることを考慮し、この二者を区別することにした。

一、「む」と「ん」とは、原文の仮名字体には「む」「ん」などが用いられており、両者の書き分けは明確ではない。しばらく「む」は「む」、「ん」は「ん」と翻字した。

一、「ん」という字体は「ん（n）」、「っ（t）」、「む（mu）」、「も（mo）」など複数の音を表すのに用いられているので、「ん」を翻字する際には次のように扱った。

1「ん（n）」を表すと考えられる例は「もんすしり（文殊師利）」「しんそく（親族）」のように「ん」と翻字した。

2「っ（t）」を表すと考えられる例は「あん（有）て」「もんて（以）」「すんけす（出家）」「きへん（記別）」のように「ん」と翻字した。

3「む（mu）」を表すと考えられる例は「心あらん」「なんち（汝）」のように「ん」と翻字したが、「あひむつふ（相睦）」は「む」と翻字した。

4「も（mo）」を表すと考えられる例は「いへとも（雖）」「とも（友）」のように「も」と翻字した。

一、以上の場合、検索の便宜上、見出し語には「キ（鬼）→クヰ」「ケ（華）→クヱ」「サン（三）→サム」「モツテ（以）→モンテ」のような「空見出し」を立てた。

一、検索の便宜を図るため、見出し語の参照項目を→の後に示した場合がある。

一、見出し語の中の用例は、文節単位で掲出した。ただし、「於いて」や「給ふ」などのようにその上の文節と共に掲出した語もある。

一、見出し語の中の用例の順序は、

○自立語の場合

1原則として文節全体の五十音順とした。本文中に仮名遣いの誤りがある語は正しかるべき仮名遣いの箇所に挙げた。

2活用語の活用形の順序には関わらなかった。

3同一の語形は出現順とした。

○付属語・助動詞の場合

1その助動詞とその下に続く付属語を併せて五十音順に配列し、それらの助動詞を含む文節の出現順とした。

○付属語・助詞の場合

1その助詞を含む文節の出現順とした。但し、次項2のようにしたものもある。

2一文節中の付属語がその助詞のみである用例を先に掲出した。次に、その助詞の前後に他の付属語を伴って一文節を形成する用例を挙げた。その場合、連続した付属語の五十音順に掲出した。

一、見出し語を含む同一の形の文節が複数ある場合、出現順ではなく、同一の文節が所在する箇所の丁数と行数とをまとめて示すようにした。

一、原文が欠落したり、ごく一部しか残っておらず、読むことができない場合には、□で示した。又、原文が全て或いは殆ど欠落していても、その部分の本文が推定される場合には（　）内に「た(ち)まち」のように記した。

一、原文の文字の一部が欠失している場合、その部分の本文が推定される場合には、［あはれひ］のように［　］内に記した。

一、文節の初めに「、」が使われている場合、「、(し)かなり」のように「、」の直前の文字を（　）内に注記した。

一、本文の仮名遣いが歴史的仮名遣いと異なっている場合には、「あくこうお〈を〉もんて」「大せう〈しよう〉」のように正しかるべき形を〈　〉内に注記した。ただし、これを省略したところもある。
一、本文に誤字がある場合、「大〈第〉一に」のように〈　〉内に正しかるべき字を注記したところもある。
一、仮名に該当する漢字を〈　〉に「ひ〈日〉の」のように示した場合もある。
一、本文中に誤りがある場合、「くわゐ（ママ）ん五む（ママ）」のように（ママ）と記した。
一、判読困難箇所一覧は語彙索引の後に掲出した。
一、訂正・墨消箇所一覧は右の判読困難箇所一覧の後に掲出した。「翻字本文」には、墨消された部分及び訂正された部分を併記してあるが、索引では煩雑になるのを避けて、墨消の箇所については訂正された部分のみを掲げてある。但し、墨消でない訂正箇所については併記した。

高野山
西南院藏本

往生要集

一

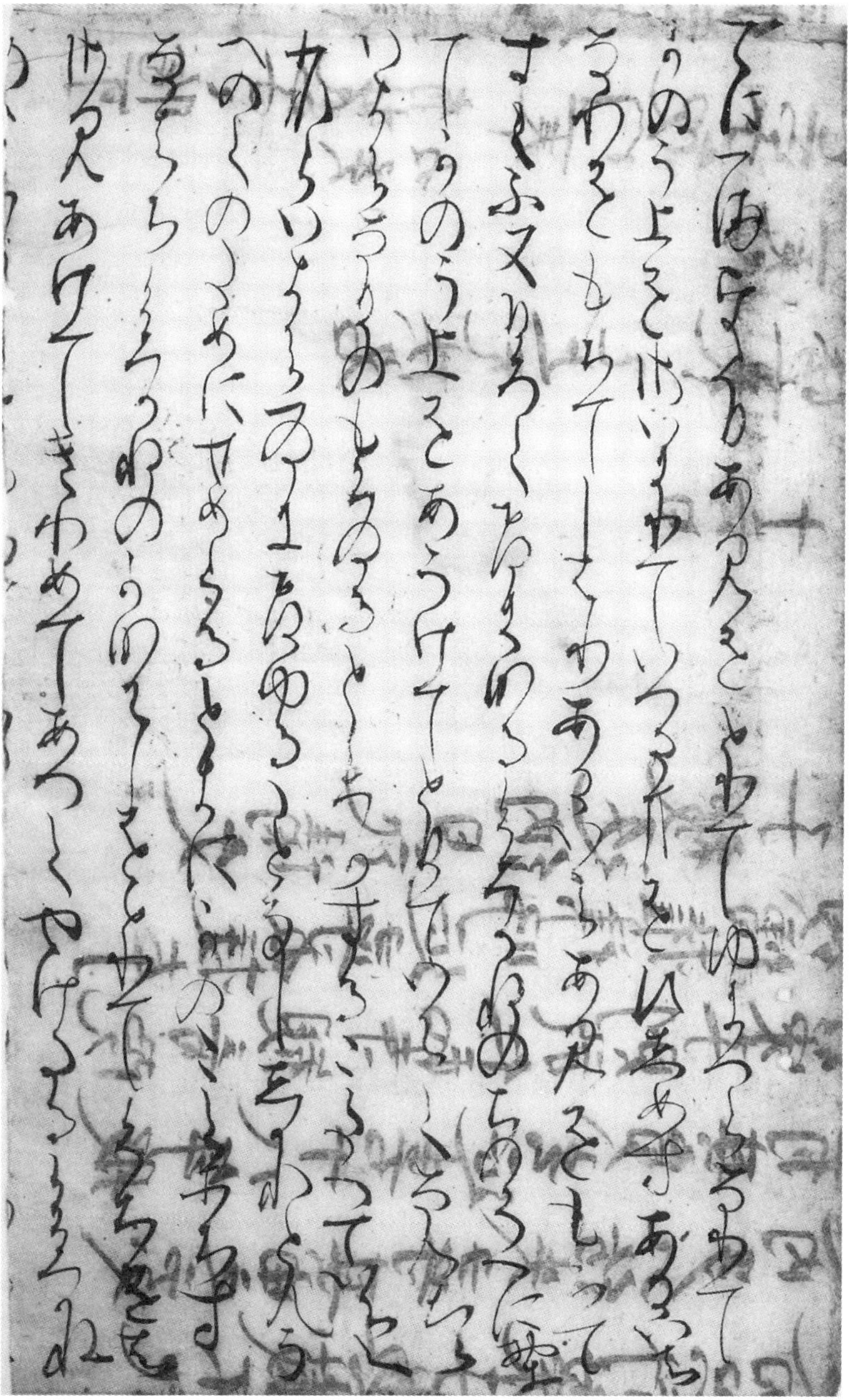

二

12 11 10 9 8 7 6 5 4 3 2 1

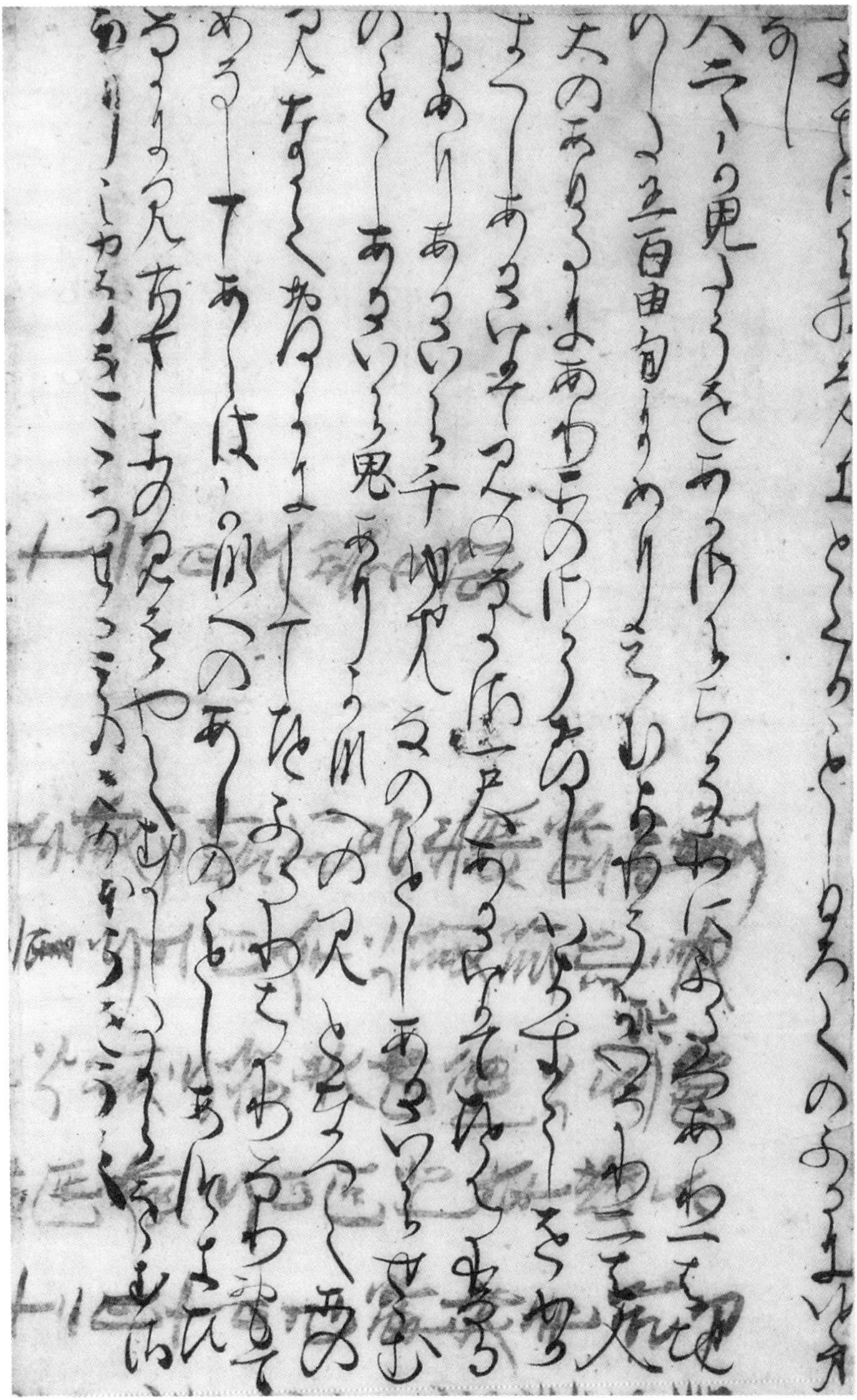

三

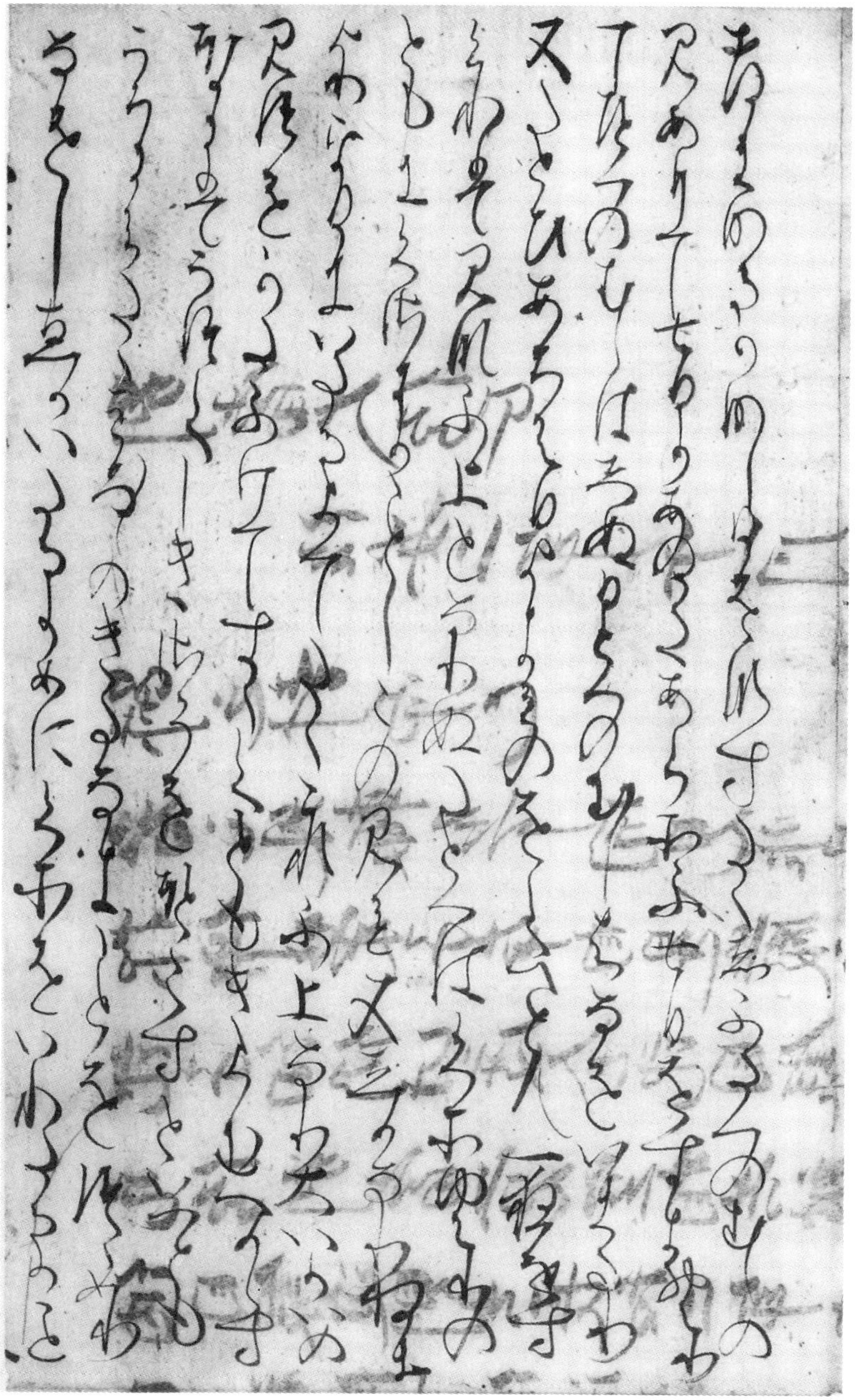

四

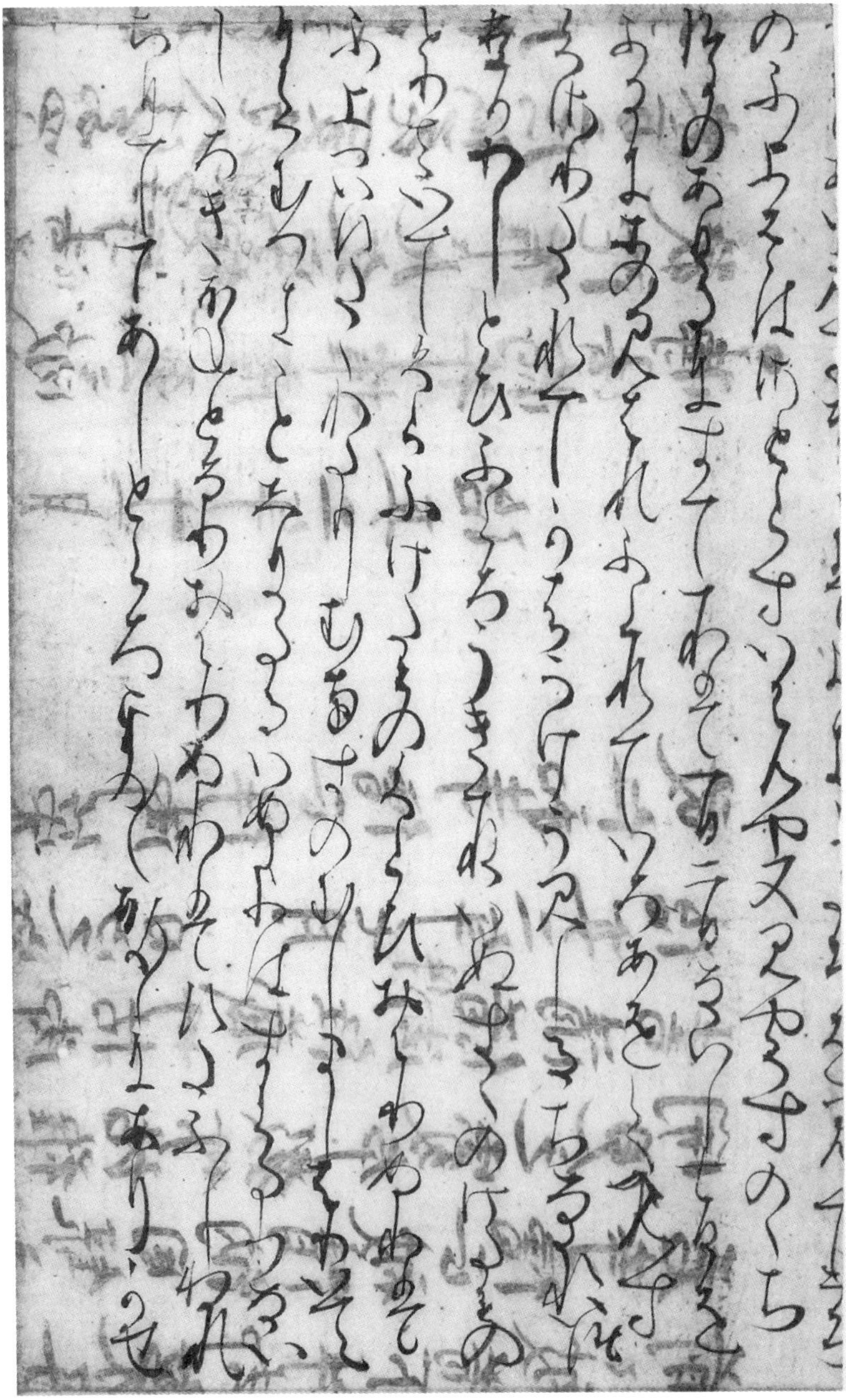

3 さあさと上たえれに忍ひに人の
4 このふくはとめみにわきくう
5 ここさ人れらのとりてあてこの
6 そくやからゆつ／＼とてあそのゆけこの
7 あうあいせ人らしに／＼はさの
8 のてしろうすつてやろめらうさく人
9 りのてうさくくいるとひく人
10 うきうりわさりちてこきうを

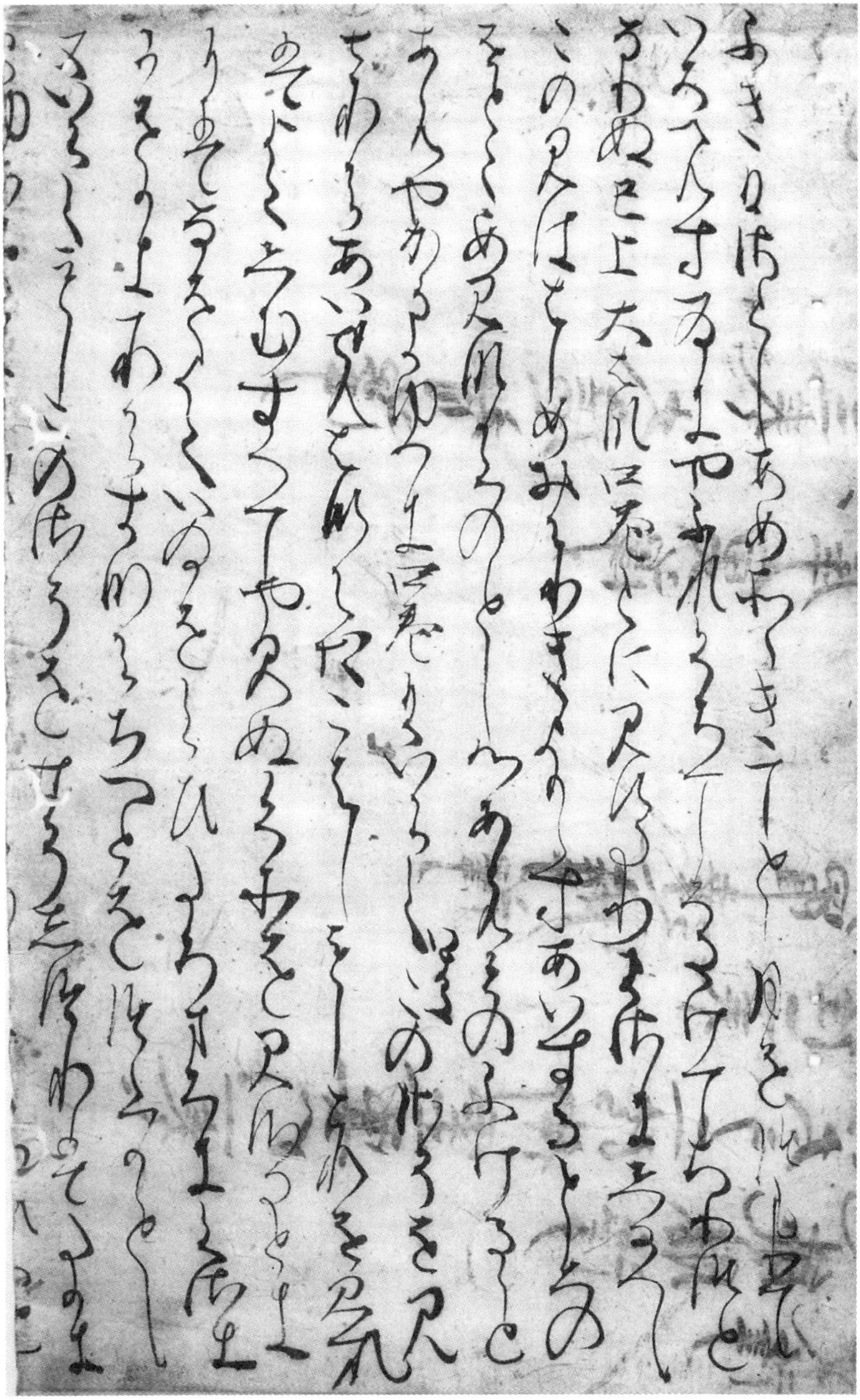

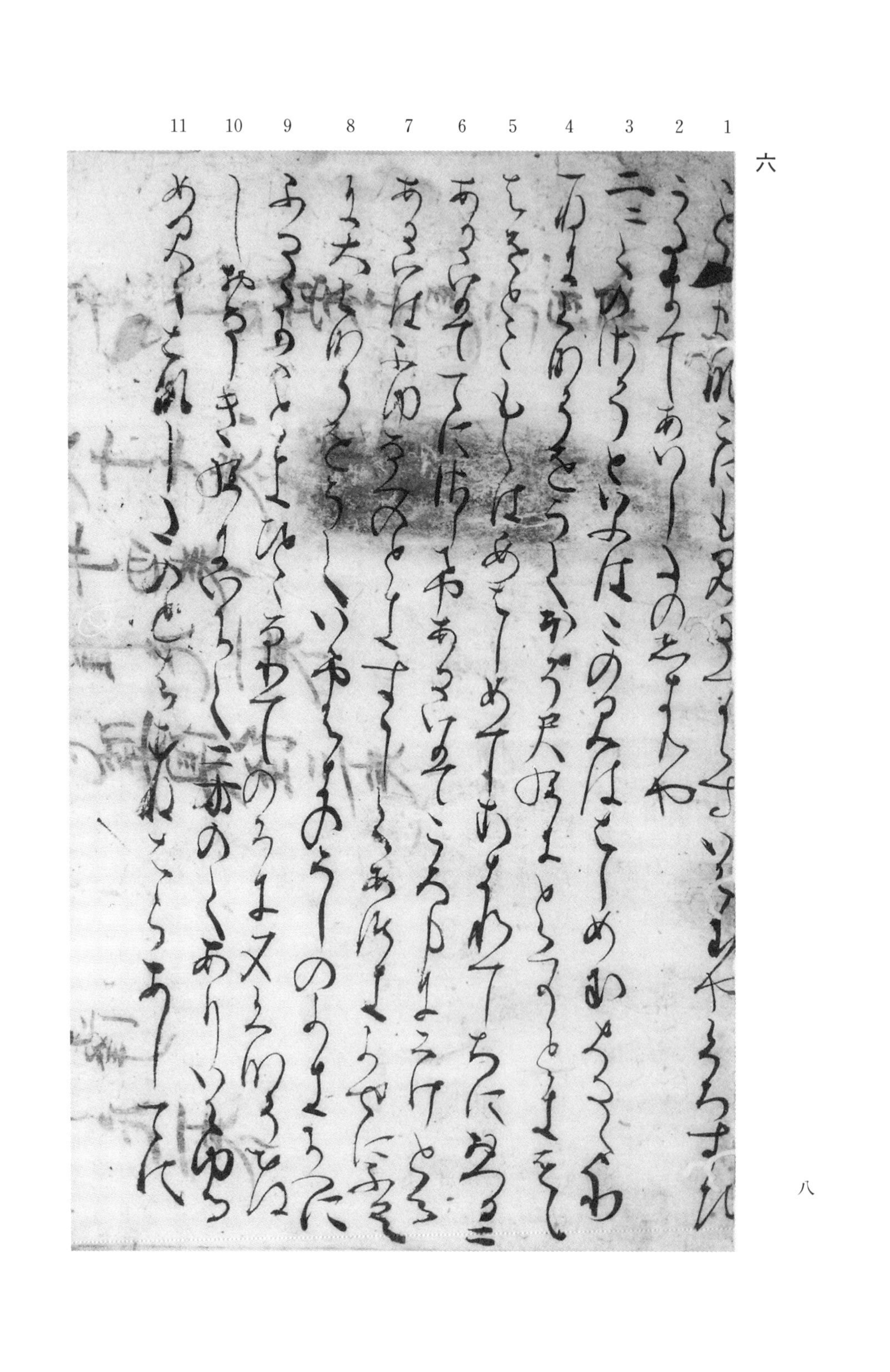

六

七

四巻りつくしく、む上はるつとおもしろのをとも
かうてすあやうくもろくしてゐるすお
むしとられゐへやまのりして百さいを
かりて四方ことしりのとめてしらくれ
人あはめくはめむあはめくはしらゐみ
いさこらはうよこらすよいあわそある
ゆうしくそへいうつくにいつのもとうわぬうる
ろうてはわゆにへれのこれのえをとふえ
そしむ上のこやよつ人れさけよいのせかも
すてるうきはとかははあらうよみすれて
はかりとむしうよやすくやすさうはあ
ようく、らすしくしのうろうくそくてろうあ

一〇

1 けきかのれ（に）きさそうなすよ
2 てかははふちてのゐむしとのみまた
3 みうしくなうてときしをよきしてなき
4 よ一みらみうりり　　　き（ら）うに
5 めしあうてはうちをとふやみうせま
6 ましかれゆきしてそうきやみうく
7 みうりしそあおまゆりうとみうて
8 入道かくのとかうたいうとて
9 六二天ふうこうつ月ありここうふ
10 ちうしりしくてこのけにをいくいうし
11 ひろしみくのゝ
12 いろし

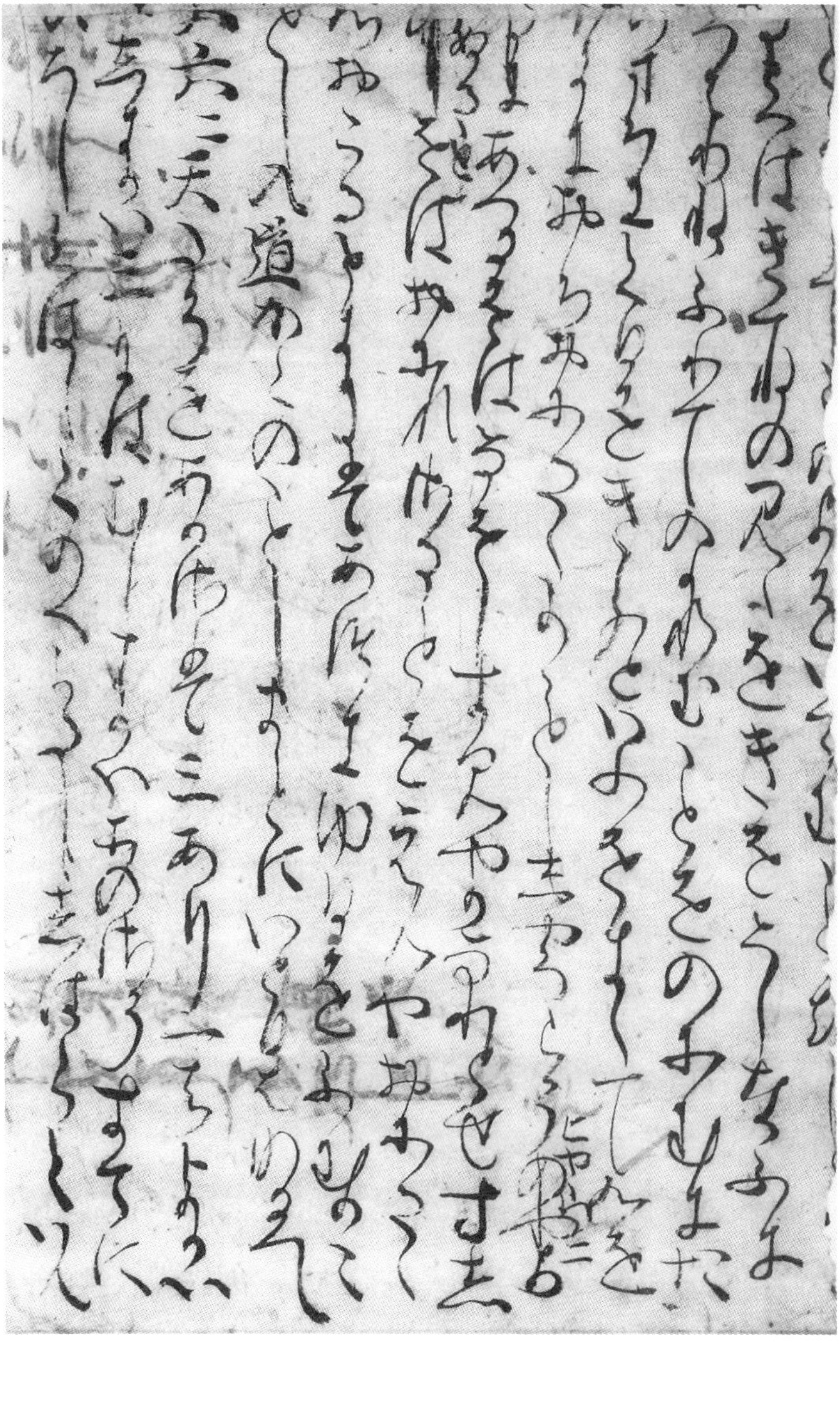

九

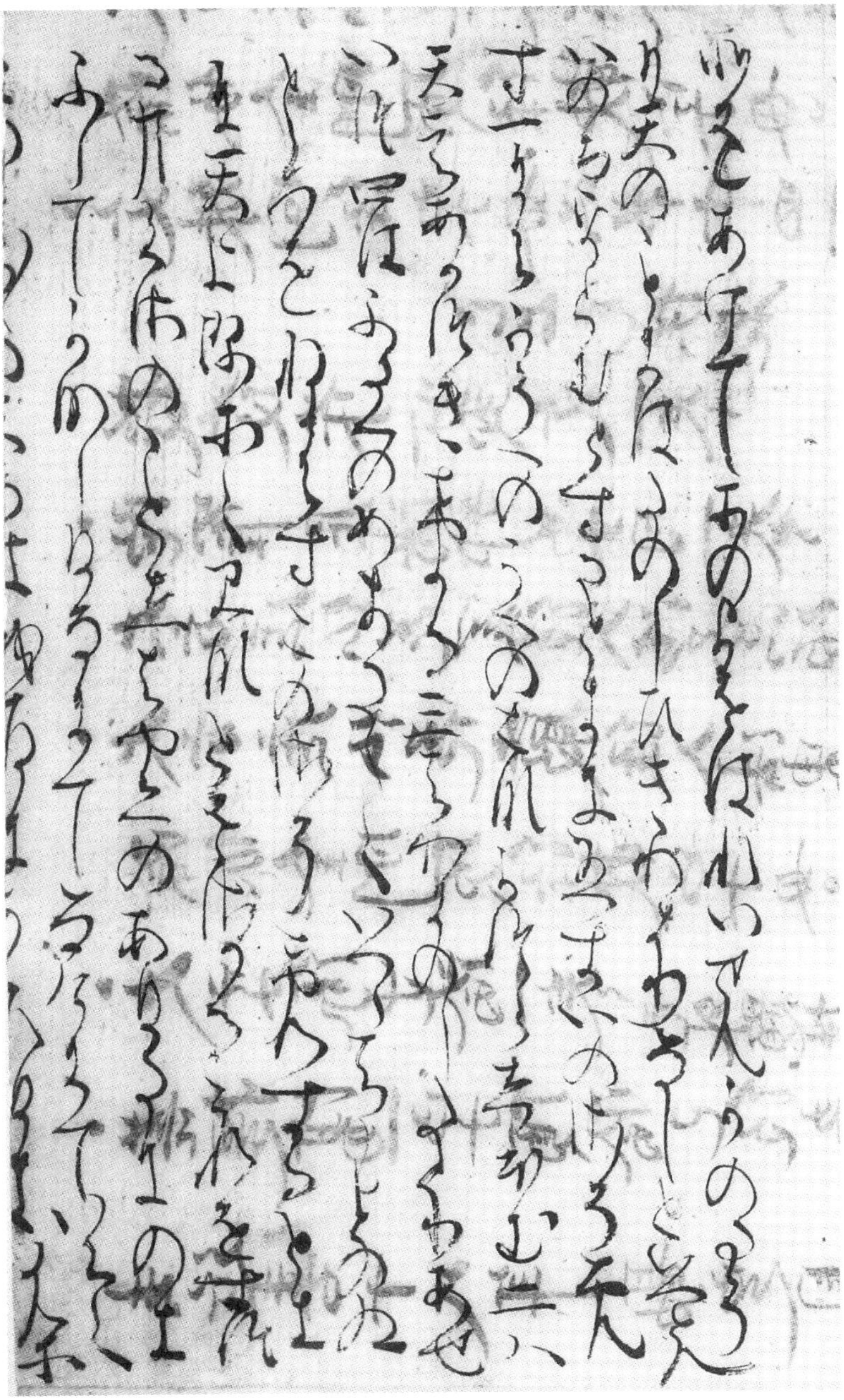

十

こゝのさまちらゐ[illegible]
とひのゝこゑめうのこゑこそはりわたりきく
ふるをしまちれしあきゝぬれやそのつへひわ
このこたへわかれゆくしはあくれねきと
せかもわつ世いのうゑをすゝひてすこしきの
ねをのくる又ゐのゝしけんやつのまゆ
ら蓬しけうのうろ乃はおとすこところれみ
こときとすさいう人あくてすゝふこの
うし京もらつ人を極さゆはころし、のく
ちのこゝのしわさこれいらしちなら

かう舎利のありさうらく天上やわさいや人とまう
さまゝはめはるかれつれすせくのこゝろみ
くすなふめりう去てなにとこそみよしすよ
またくの天もとしくゝのくあり上にいの
さうりのそかくのしとのらうしとゝもゐ
まゐい大のくありうさうなはうう天まにに
あるをとこのみりすゝかはまさうそに
よむとすくま　かう上文
大王而うる人すとのはゑまらしのくらいと
よつしまのとゝまことういうこれくうかなつと
しそよのまむつゝまゝとよくのらあるまかて
それあるゝつ

十二

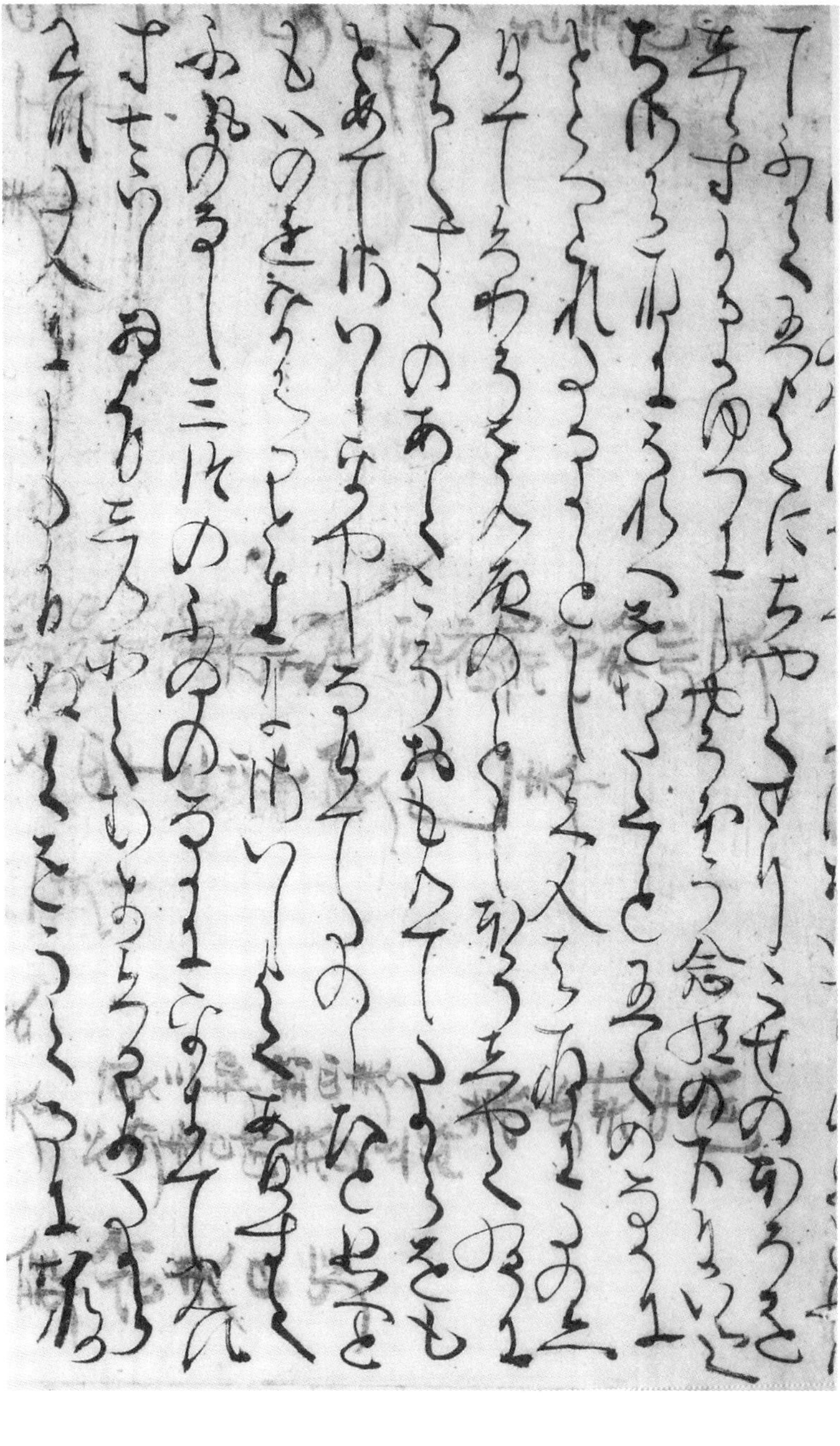

十三

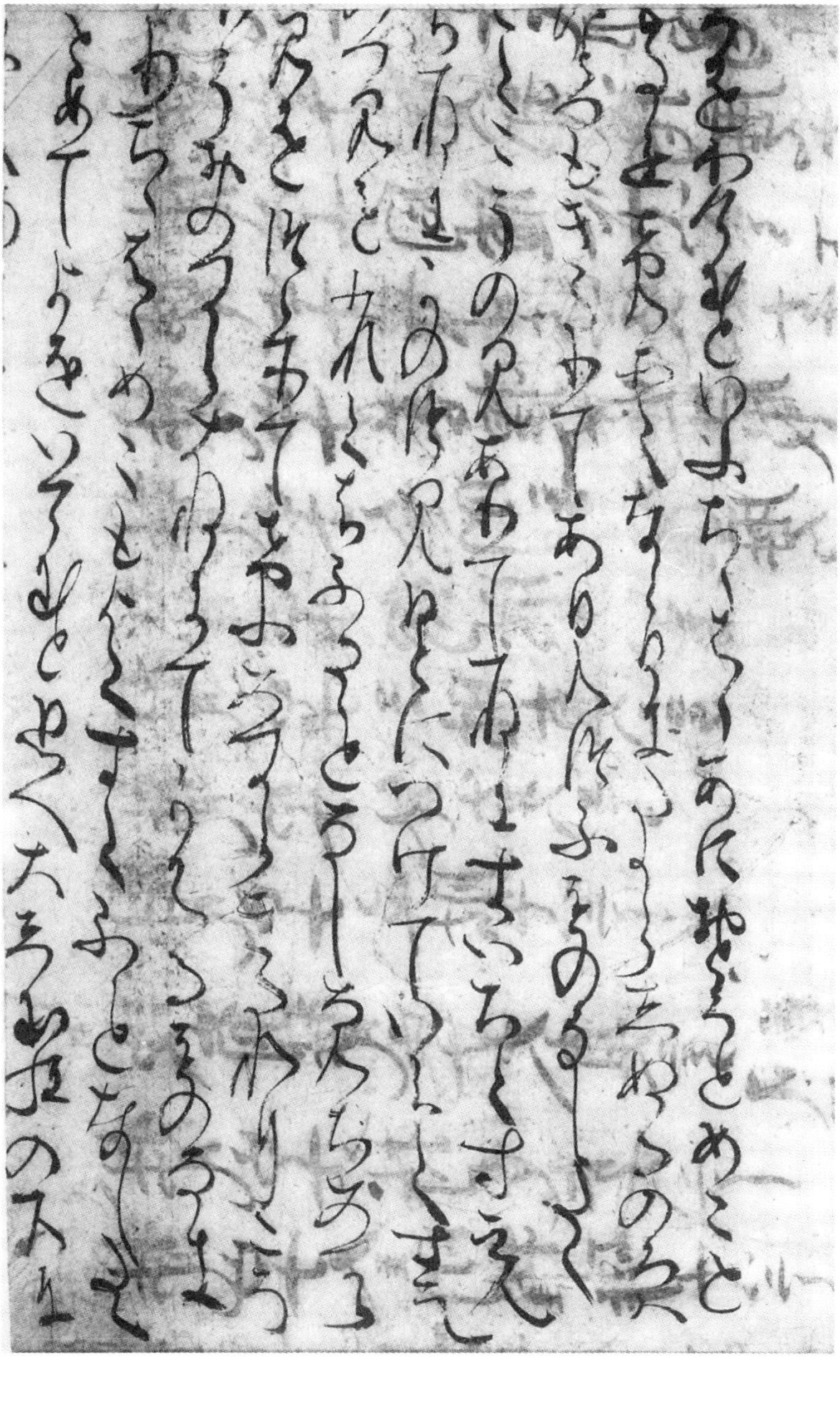

十四

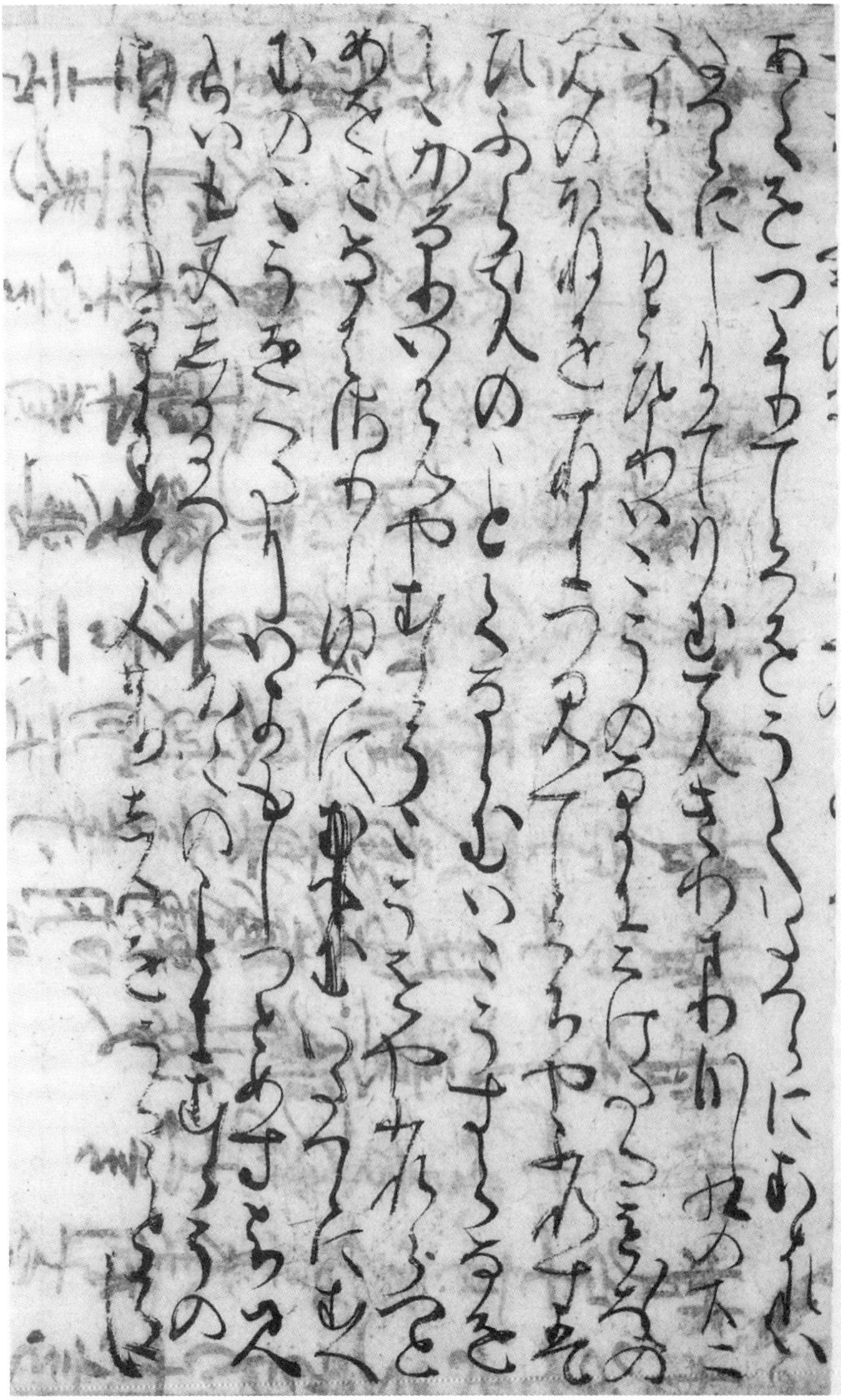

十五

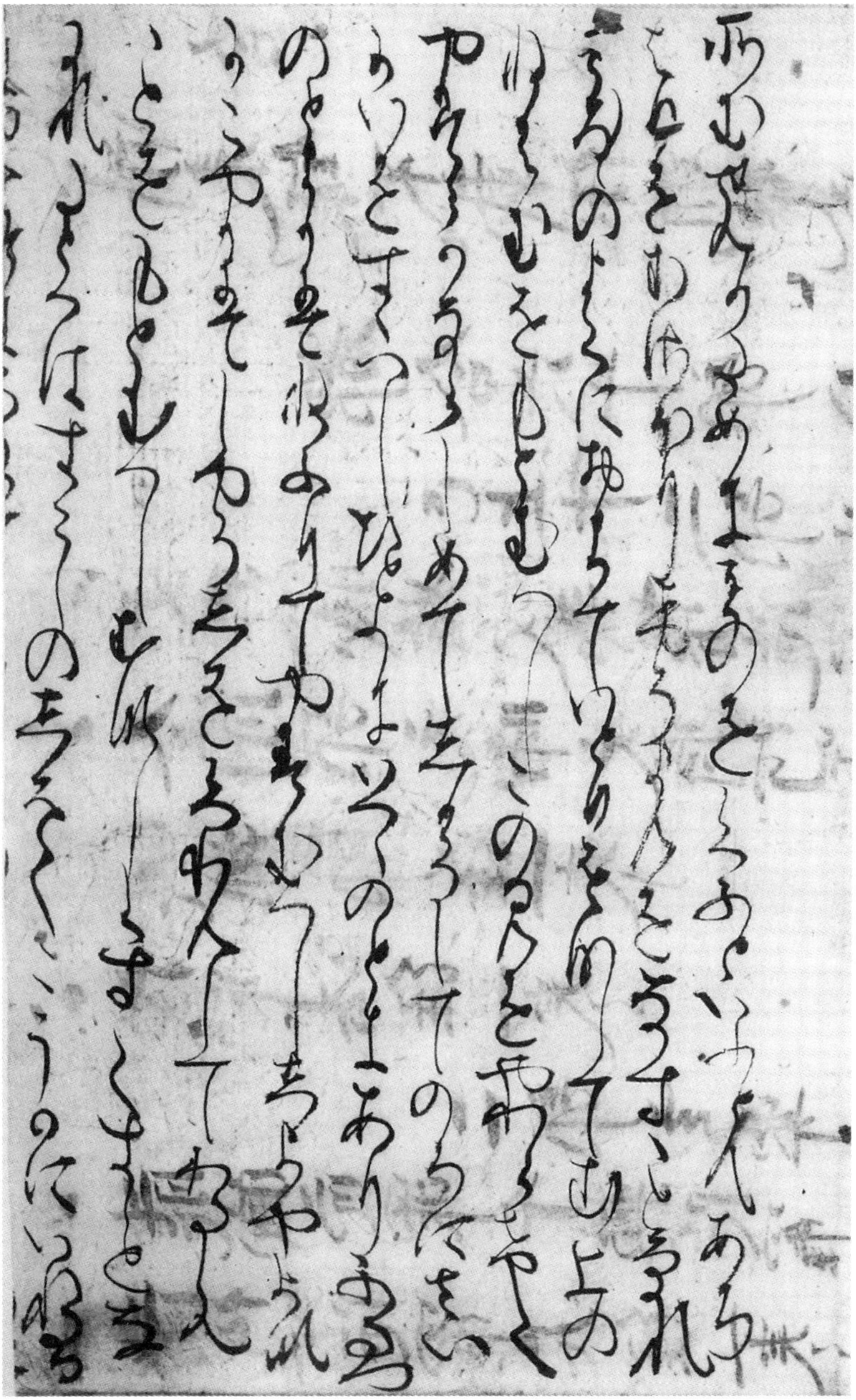

影印

十六

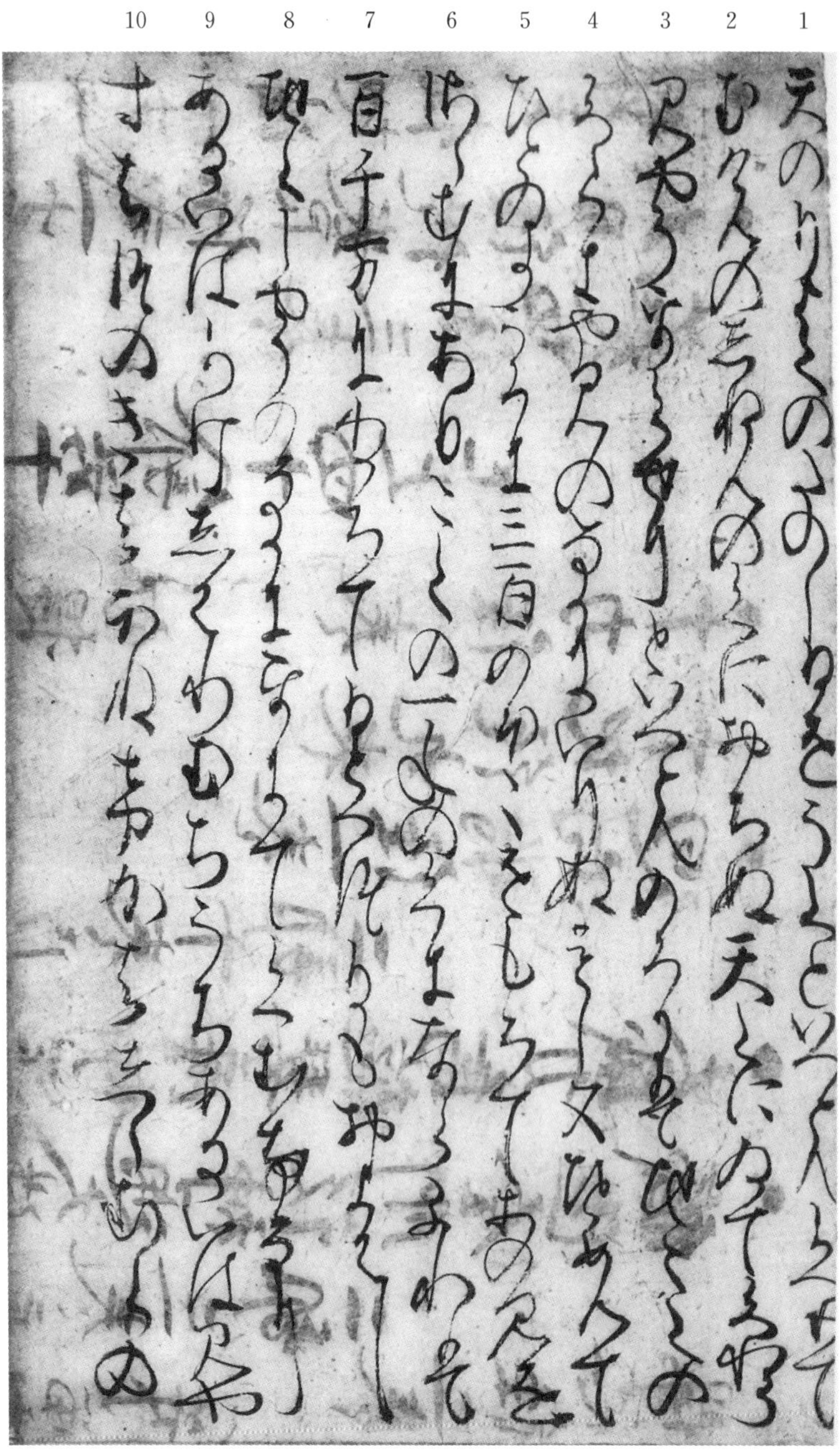
10 9 8 7 6 5 4 3 2 1

3 うとくく
4 むへやくのやさ
5 とるかの
6 卒かくのやこりわ
7 うちこミせ
8 ゆらは、このう
9 あらきちくなり
10 人もほくうちわう

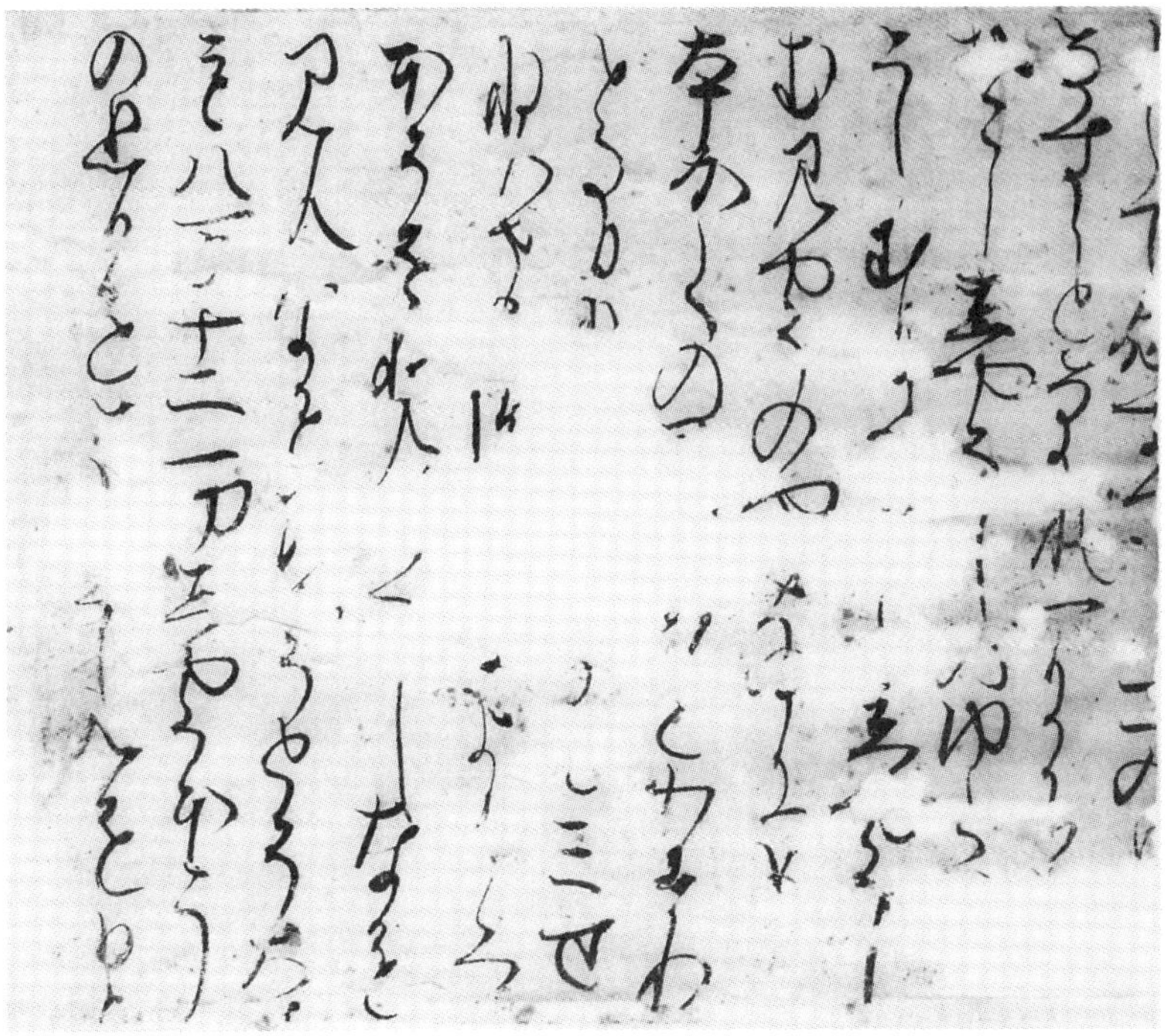

3 へや如来の大もや
4 うのんをてミみり
5 うてうまうしのう
6 うつくうつひとて
7 ちてもられのおすと
8 のうてもろの井とし

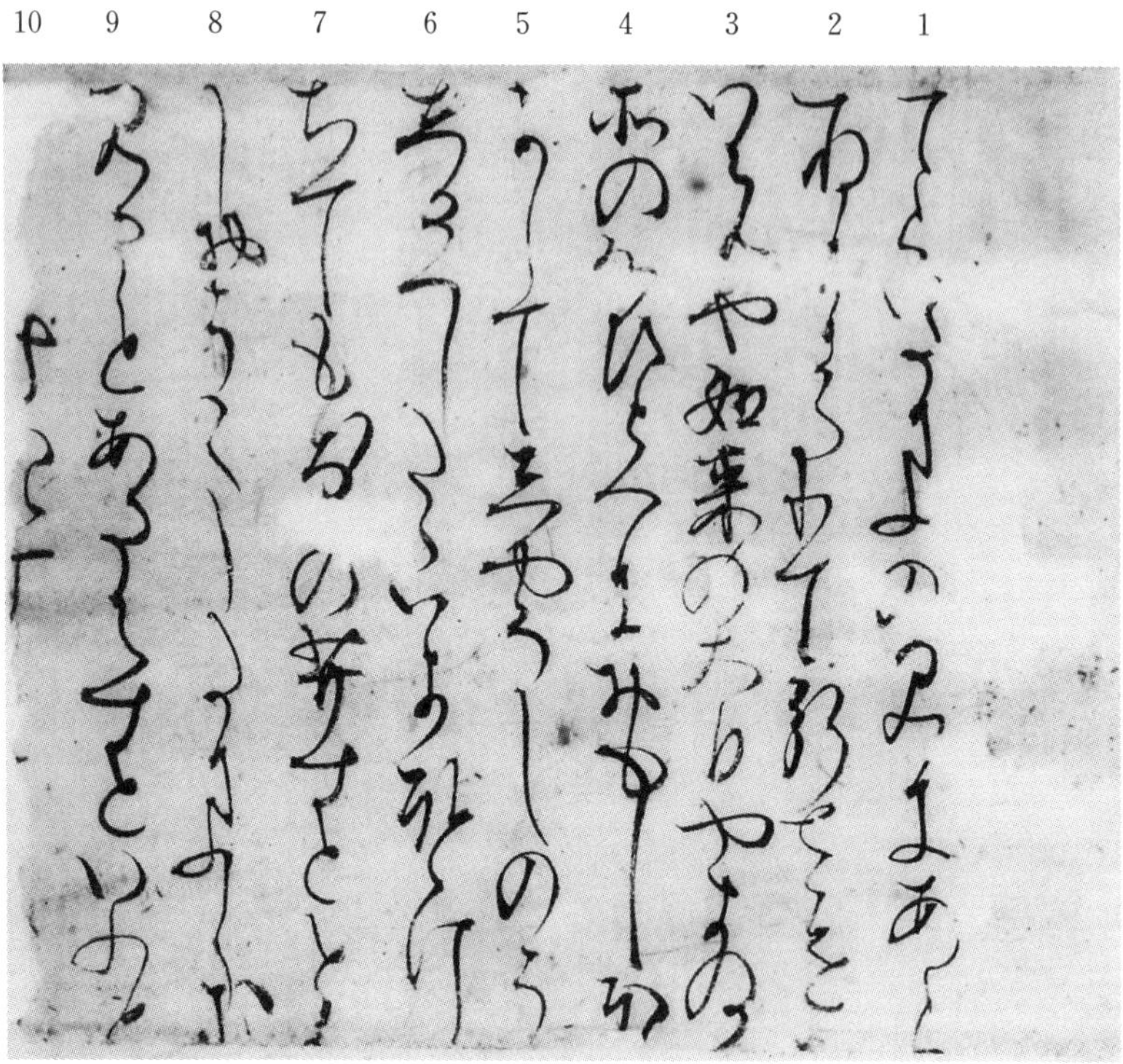

十九

しとめてほとけを願ひ入のそやほとけあるまし
つけるみやくあさゆふ大事しりのことをこそ
ちてあはれくおもてをかつらふあのまゝ上にを近
よもしくらゐすゝめの中ほとけを取入
すゝめの中くほとけを願ひそのいつはれ
しんすりとひし〱とてところ〱
又わくやまと十方のほとけきそてよろしれ
ありと方のゆゑとく佛たまのつけてはれく
かれそわくのあそひのとそとやひとはほとけ上
りつそしまよとありしてかくおとく上やつと
とつし

二十

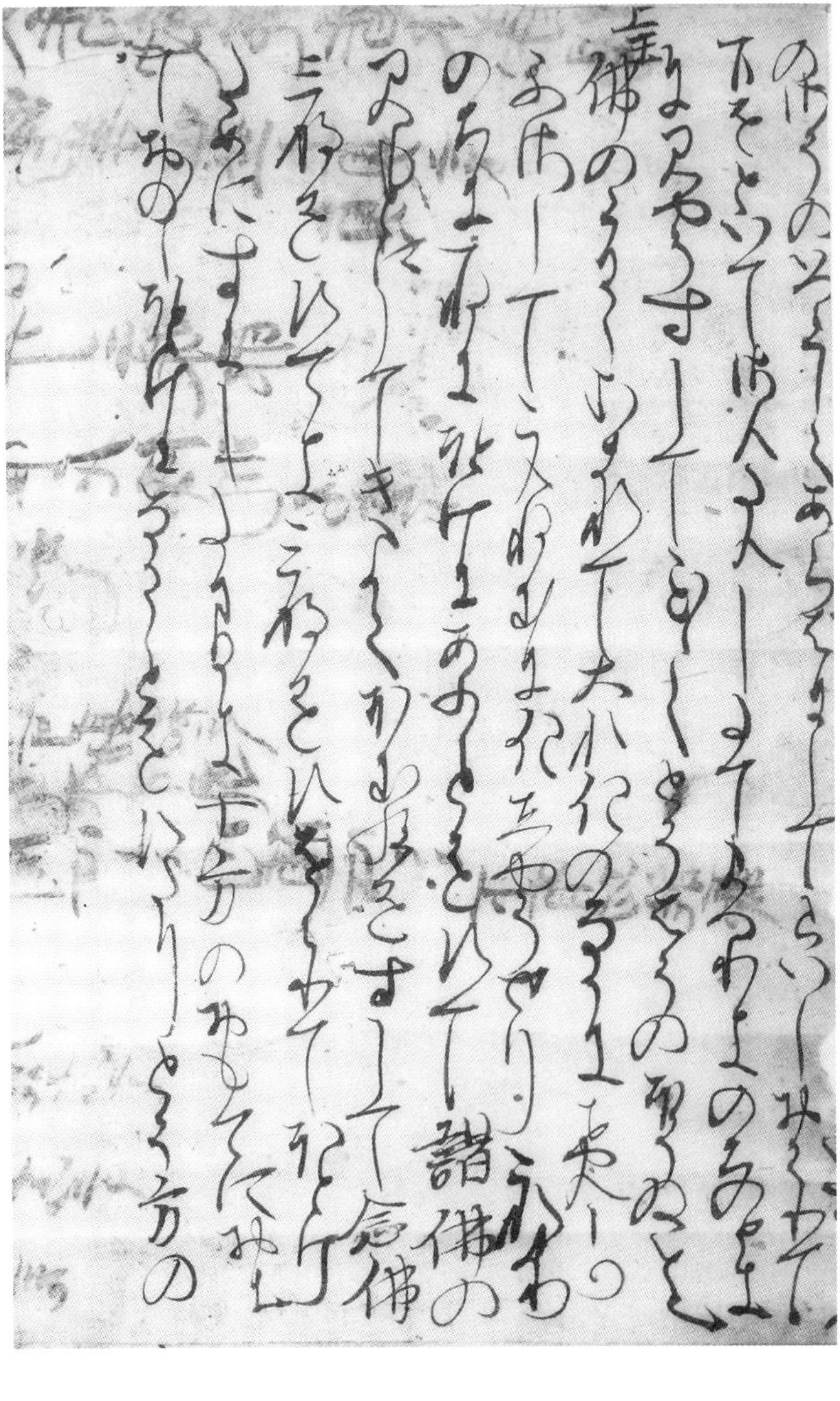

影印

すなはち佛といふわか身にあらり東南方无
優徳仏南方栴檀徳仏西南方寶施仏西方
无量明仏西北方花徳仏東北方相徳仏東北
方三昧乗行仏上方広衆徳仏下方明徳仏如
是十仏過去上佛塔を礼す像を観す一偈をもて
讃歎せん人十方よみ[illegible]けまうすとひろうる[illegible]
たから[illegible]やうそと[illegible]ちて[illegible]おほえて、これを[illegible]
よわりよし[illegible]佛のみ[illegible]にしてすへて
[illegible]てしるまていそきてしまし[illegible]
とゆとやう[illegible]のくもして[illegible]のゆうろはと
[illegible]かやれ[illegible]をこゝしてふんのこう

二十二

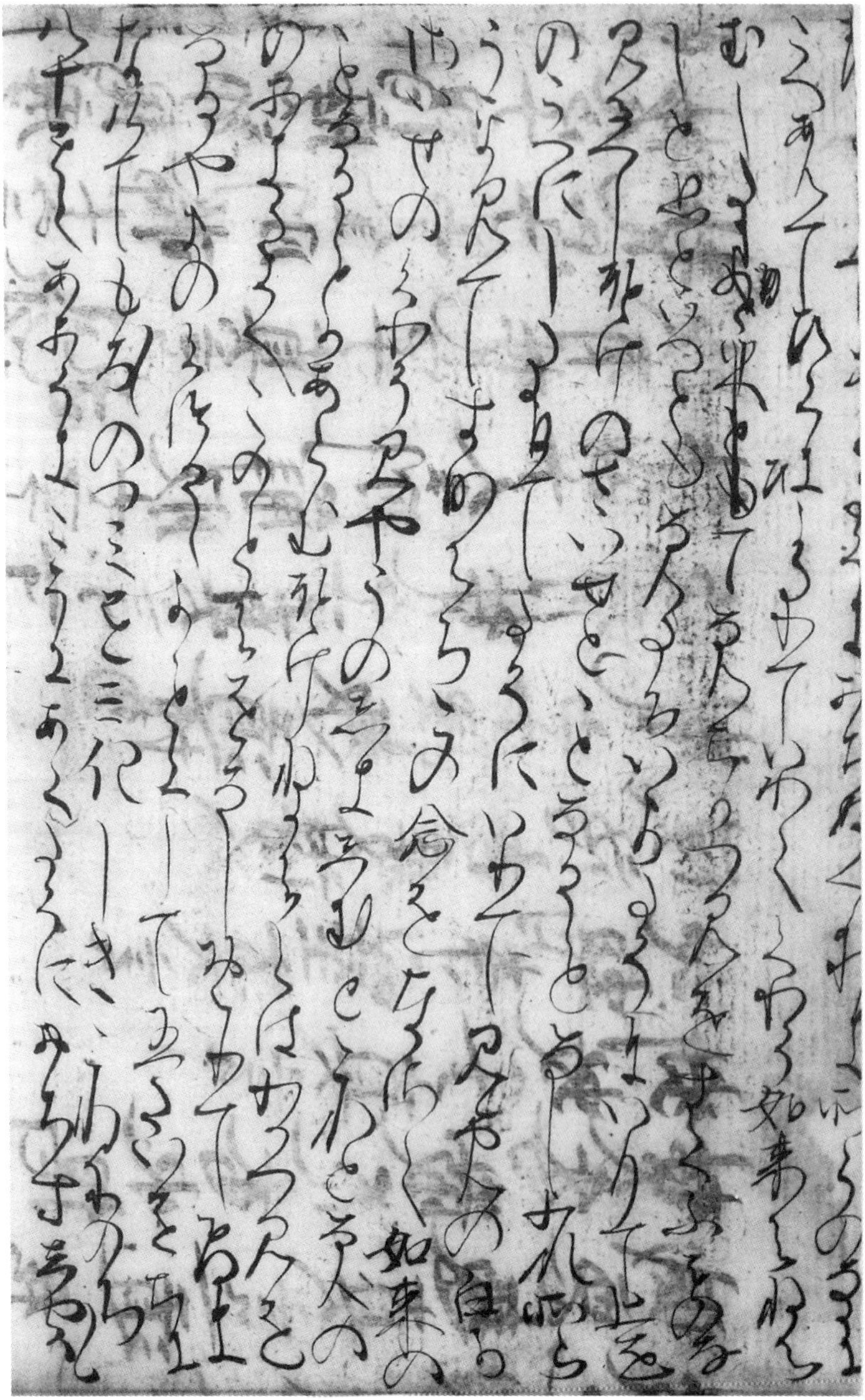

まつ十方の諸仏をつくりてそのつかひに諸仏のこ
しにしてみたの合仏三尊とすへきこゝ三尊を
さる也し諸仏天人せんしかれはきこゝ人をめ
あらかしまゝ八方のめくまこゝくのあまく仏とこ
すゑらる大一のひくらしかるかりし八方ののゝことし
のかうそこう仏たち大りのひくしからりせしは八方の
こうくこゝくの山あす仏れ大三のひくらんしゆ
ゆへこうの八つ仏くのつかめりて仏ハ大三の
くこゆかりてゝしてゝるかの如来あつまりて
をのこしあかんつくしよりをそてつけての

……しくありき、そのことを
わるきもまことわすれにしぬすめらむ
道をとしして天上人中にてもみのこゝろ
のうまれまよひのまつすをたえすひくくと
利益するまもわうらうありけるはよるそ
ひろく方便をしめしてこのことのうちをも
世をやまよろこびのありけるたりあるちをと
、うゝてゝるとうをくりひくこのやくの
いのちのあるありてつゆをとうちむすぶらむ
をしりぬひくのこわとみるしくひくとる

二十五

1 2 3 4 5 6 7 8 9 10 11

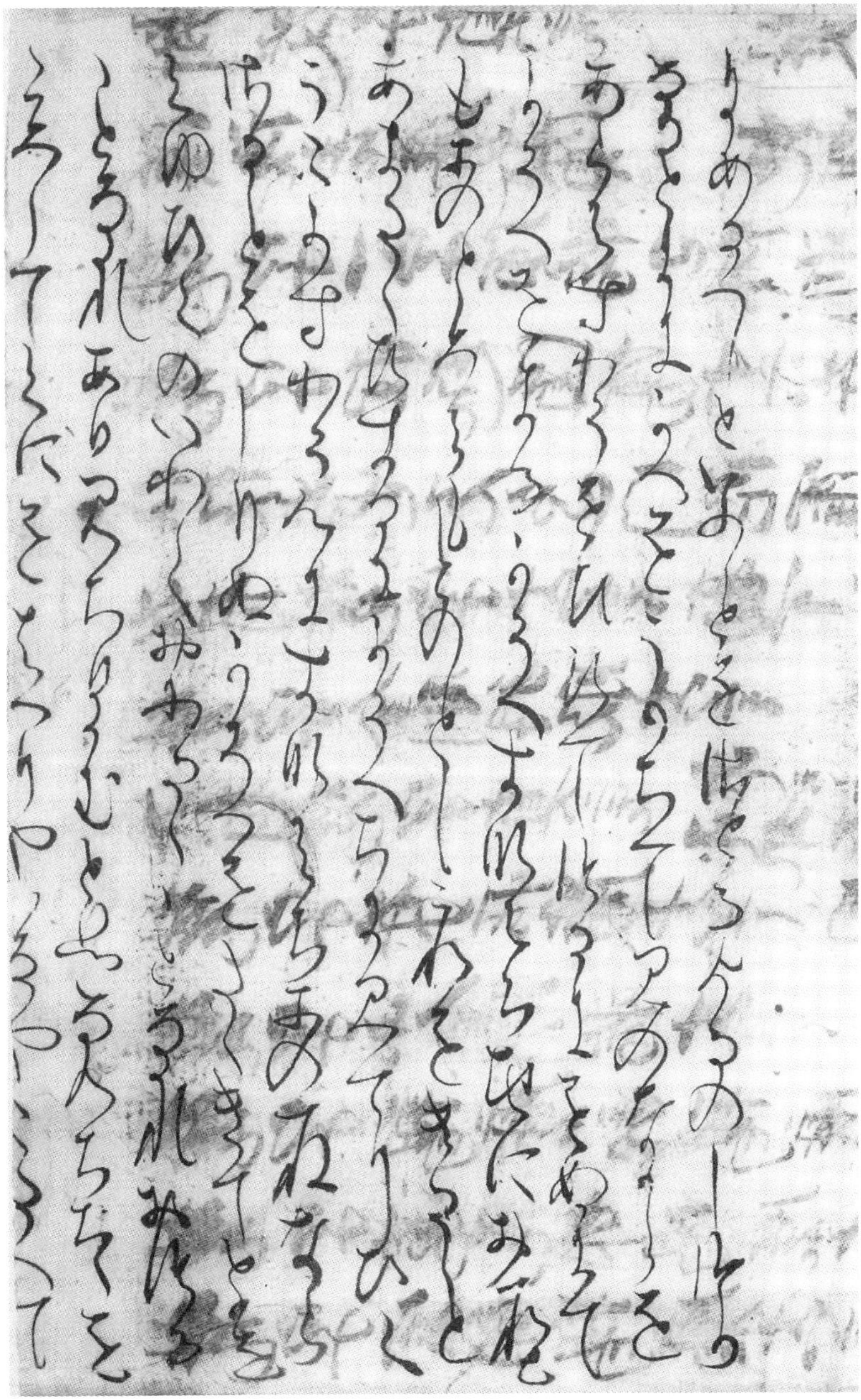

二十六

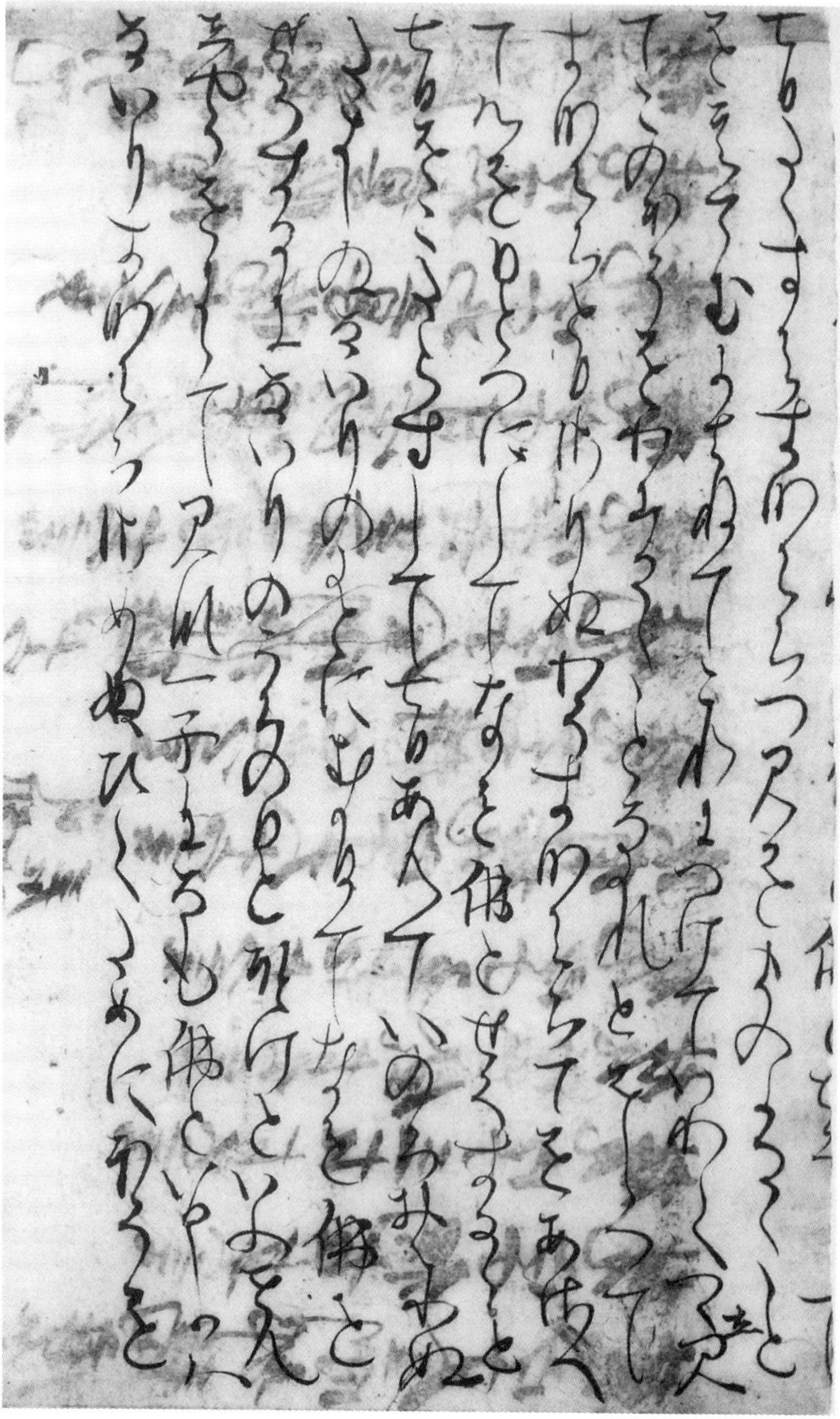

二十七

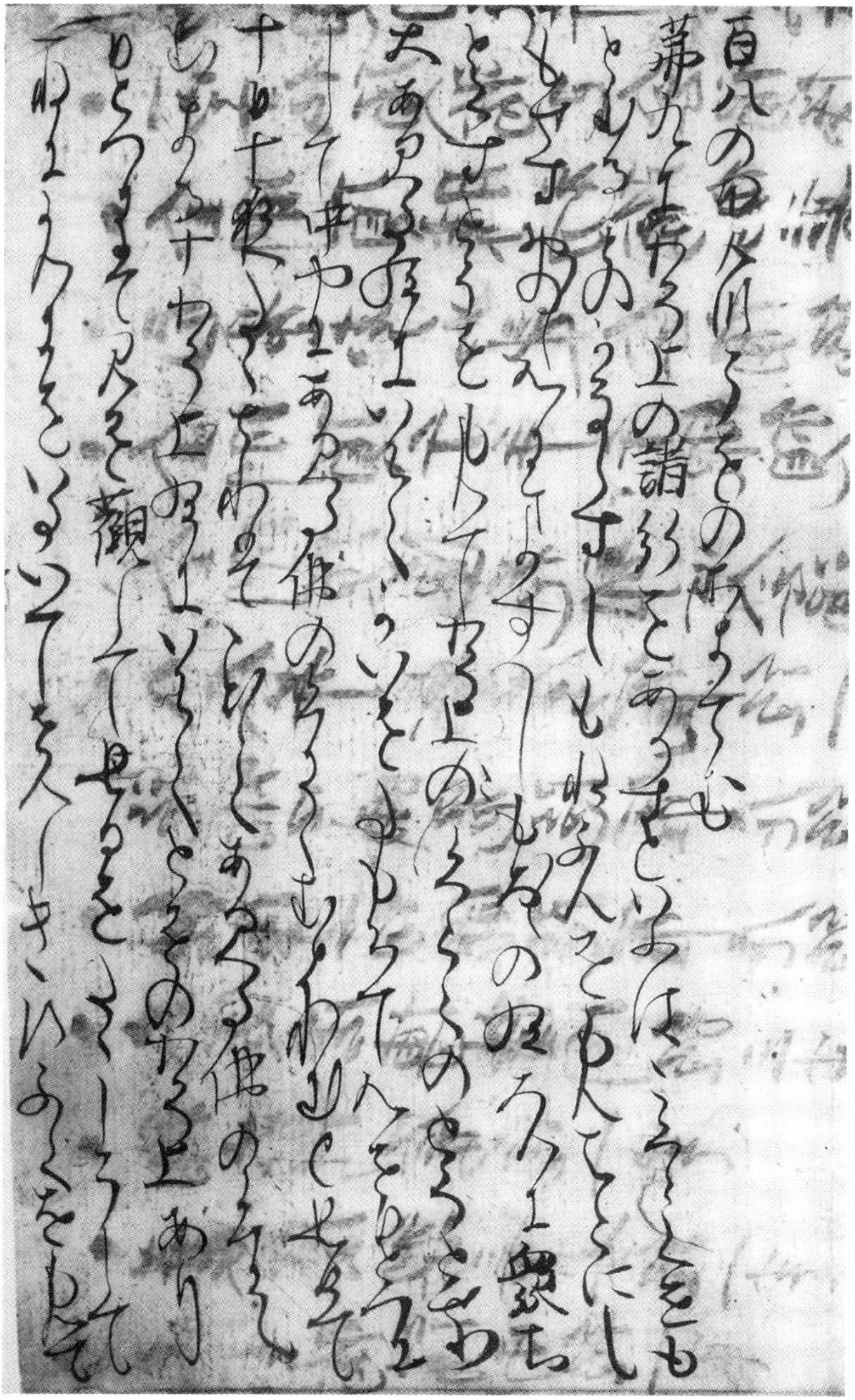

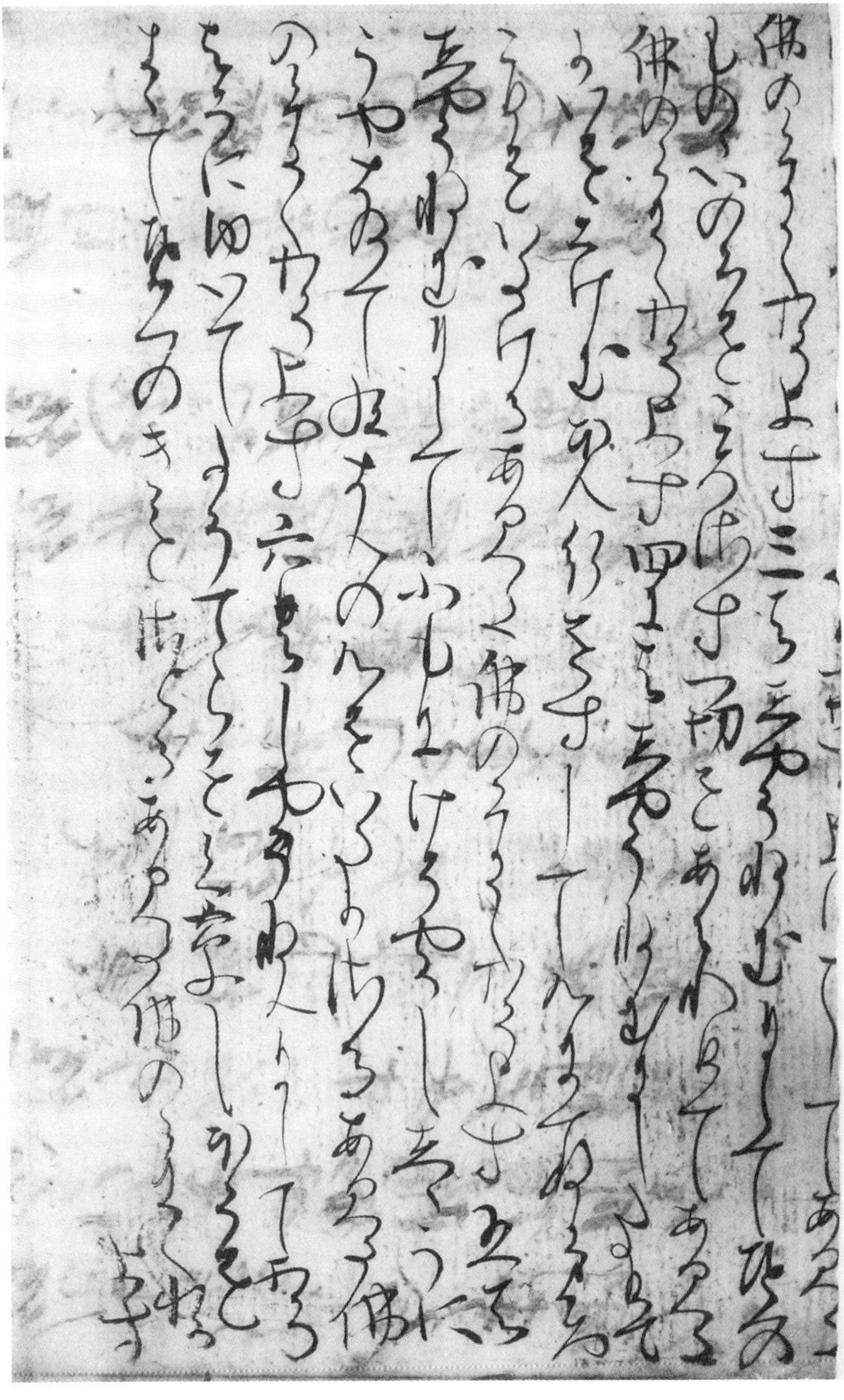

ちやうちやうのめつしてのちいまうちうりうゑん八さ
いゝつとまうしてはなをもやあるへかるあるゑ
佛のくやうまうす八ちやうのめつしてして
く月のさいりやうのうちにゆうちやうことをあられ
てあれあきこんのもくゆしあみた佛のくやうし
やうまうす九ちやうのめつしてあれ上よりくまと
うもうて女人下をゆりまてあつうことなるをて
あしきことゝもとゝしすかみのしゝのりとあみ
く佛のくやうまうす十ちやうのめつして
あ上のまりてひきもののゝいゝすちや
うすましてよ上いうとしもし文もつのあか

ざしてあるべく佛のこゝろまた十心
あり一には身の上にもつて佛を自身を
うつして有るべきによりてむねを
かゝるこゝろの上すなはち二つもんのをそ
を乱れ心と一心上もんの上もこそ
一切のをりをも二つて心のふかく
りえるさに一にやく心のふかをも
り人をるにしてかくこのこゝろを
そをもおしひやくよきにをもうと
二てこの上かゝやくをもうこと
一てこゝろの上一念にして
きにゝらさるこゝろのなす

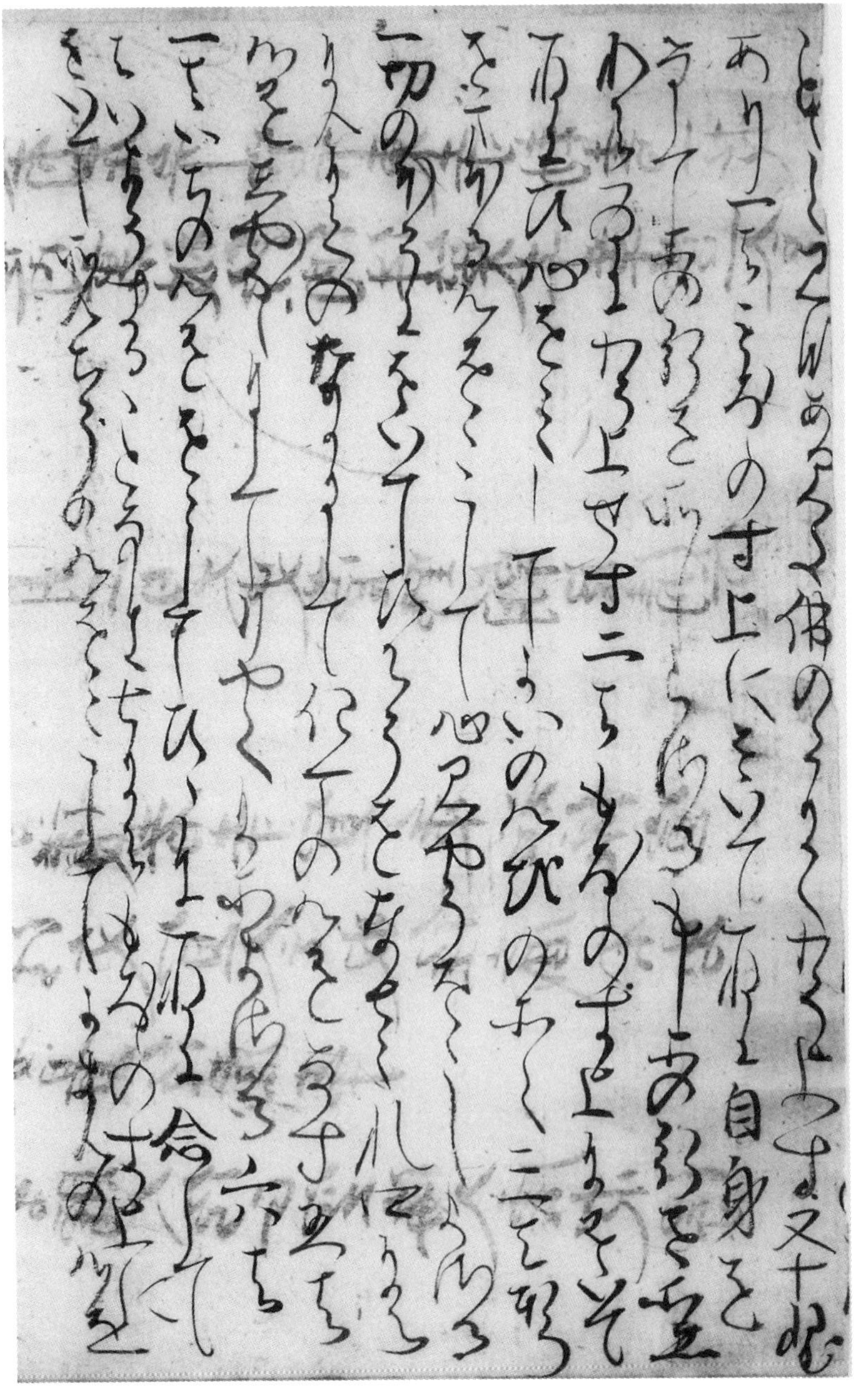

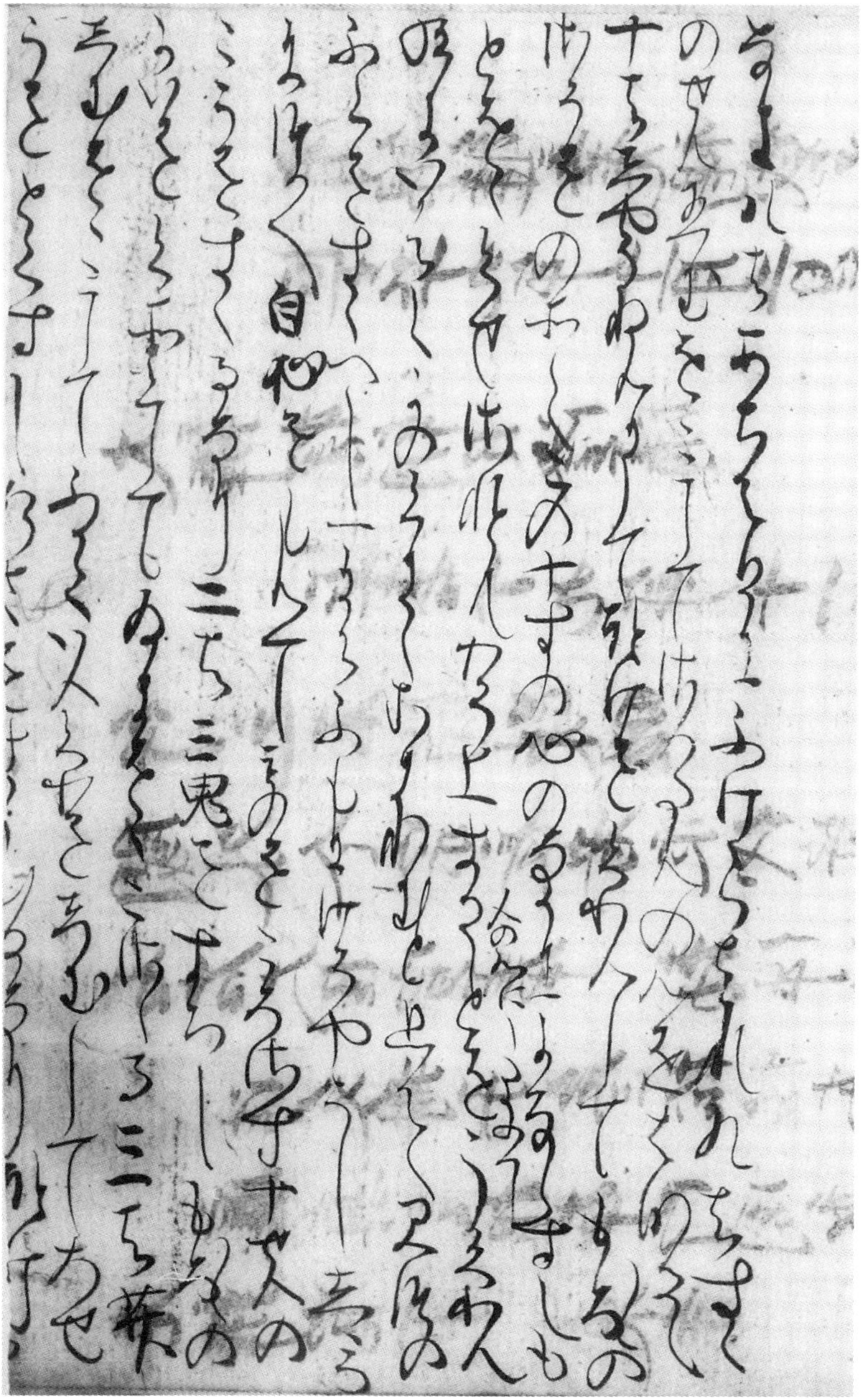

三十二

1 く上品上
2 の
3 に
4 又三千の上ちて月に三
5 三千の上あり、て自心をして
6 に
7 二に六をと
8 うに
9 あり、て月もとに
10 うとてあり、もあり、てもあり
11 上品中上と
12 の

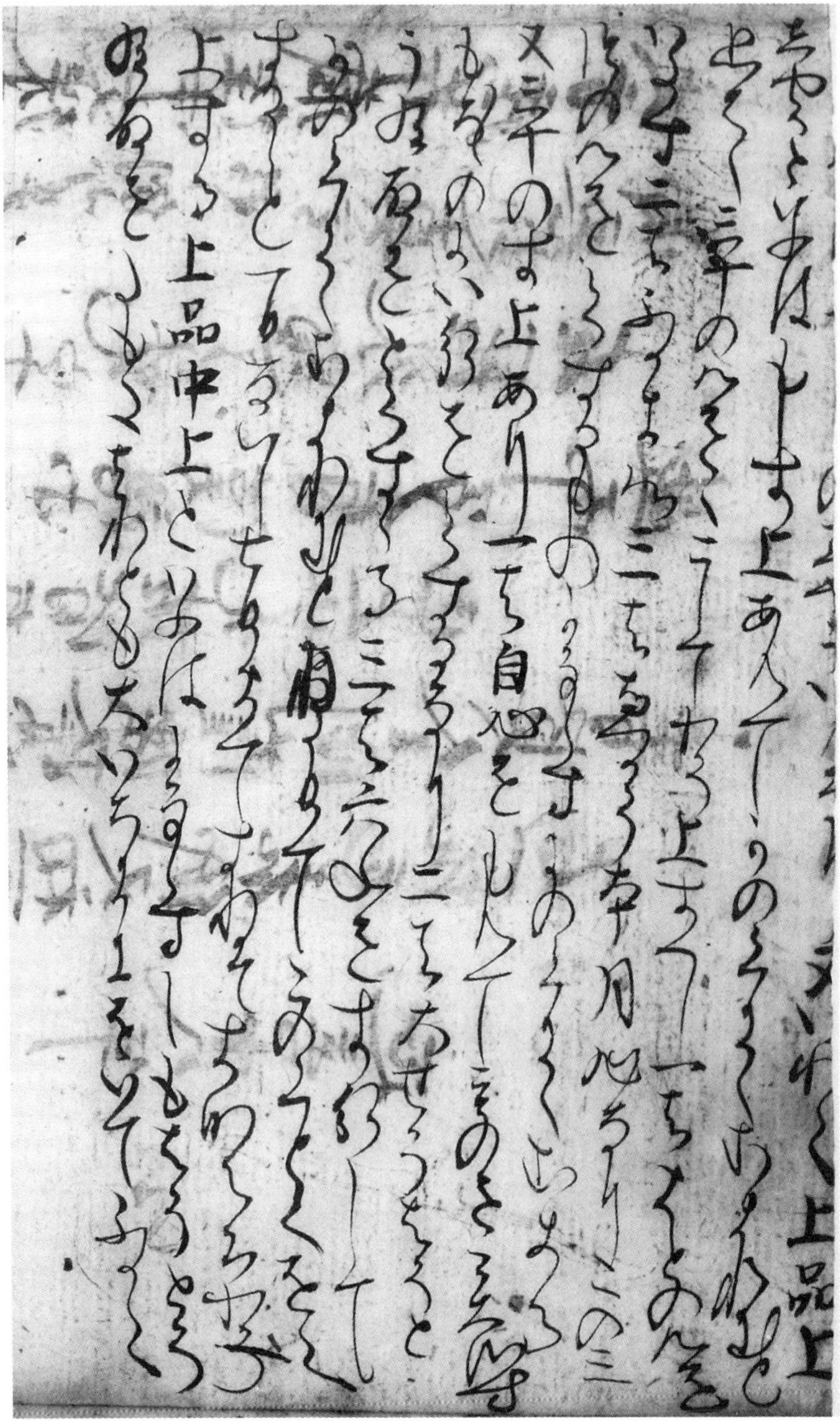

三十三

1 人のをもむしてろせをさすこの
2 ひく人をうりてこるここにらわむ
3 月ちろうり上品下一わとよは又見以み
4 を馬かしちちをこもうこくも上品の筆
5 ぬ子このくくをもんてこちうう中品上ををし
6 らえわむと中のろう申品
7 らえ人にいうそとものとりかし
8 してみきやくをつるる子もらのとうれし
9 このえもをもしてしてちう
10 うわ中品中ゎをとかれえ人にいうそとうけを
11 ちうる一夜ちをえないをるもちう

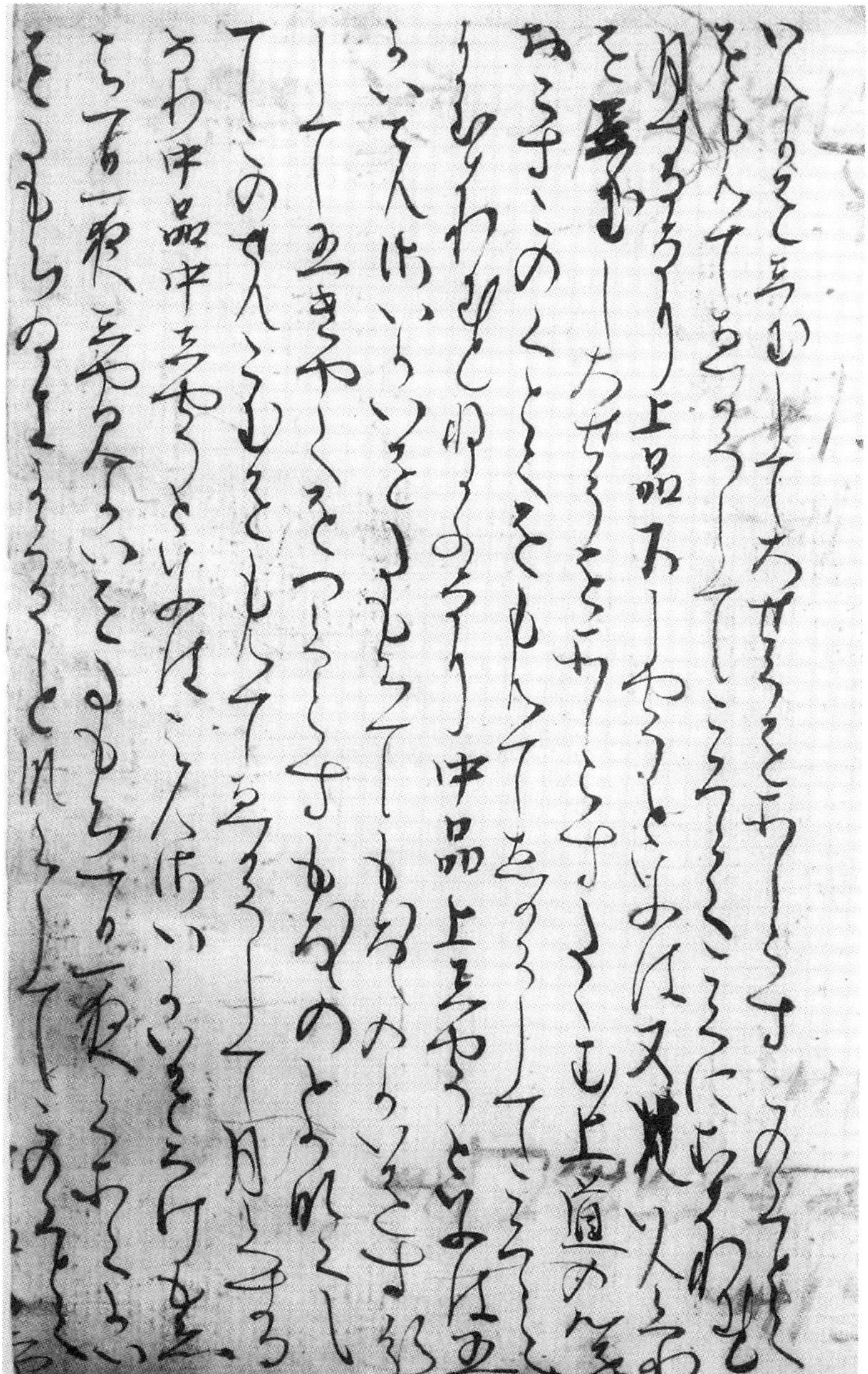

こしおほせられそくすまうり下品上生やうと
いふはもろのあくこうをつくりしとくとくと人は
をひそうなけれともろのあくこうを
つくりて慚鬼の心なしいのちをはらんとするときのお
大乗十二ふきやうのすたいのみやうしをきくこれ
心をあらためてしうともあらたく仏とせうすまうり
万品果云也きしあはまつゝえんといそうかふ手
くうかくゝしきのまのくスちゝのちをとも
らきしけるやらまてくゝのりいちしいとも
きこく化又人ちしきの大自りをとりてあ
阿弥仏のすかたのかたちをとなくかのみ行
のみやうきをとなへしよあふみのつとこくし

三十五

1 兼又_正の念佛の行とをも申なハさらて
2 とてこよとすて引けと観するにあん
3 一てうてのゆミよりいとわうすみけをゐ
4 すやうてうすわりて大きに上あをと観
5 四うう引けとを念して申を四ゐそん申うての
6 き七うめのそしもあうすまのし
7 こてうりけを観くする一四のとゐ生スり引けを念
8 やしもてのしますをして
9 くのそしまするりまます
10 とのつすまてあれをそふてますての
11 すのうすとすとあるていくての以尻

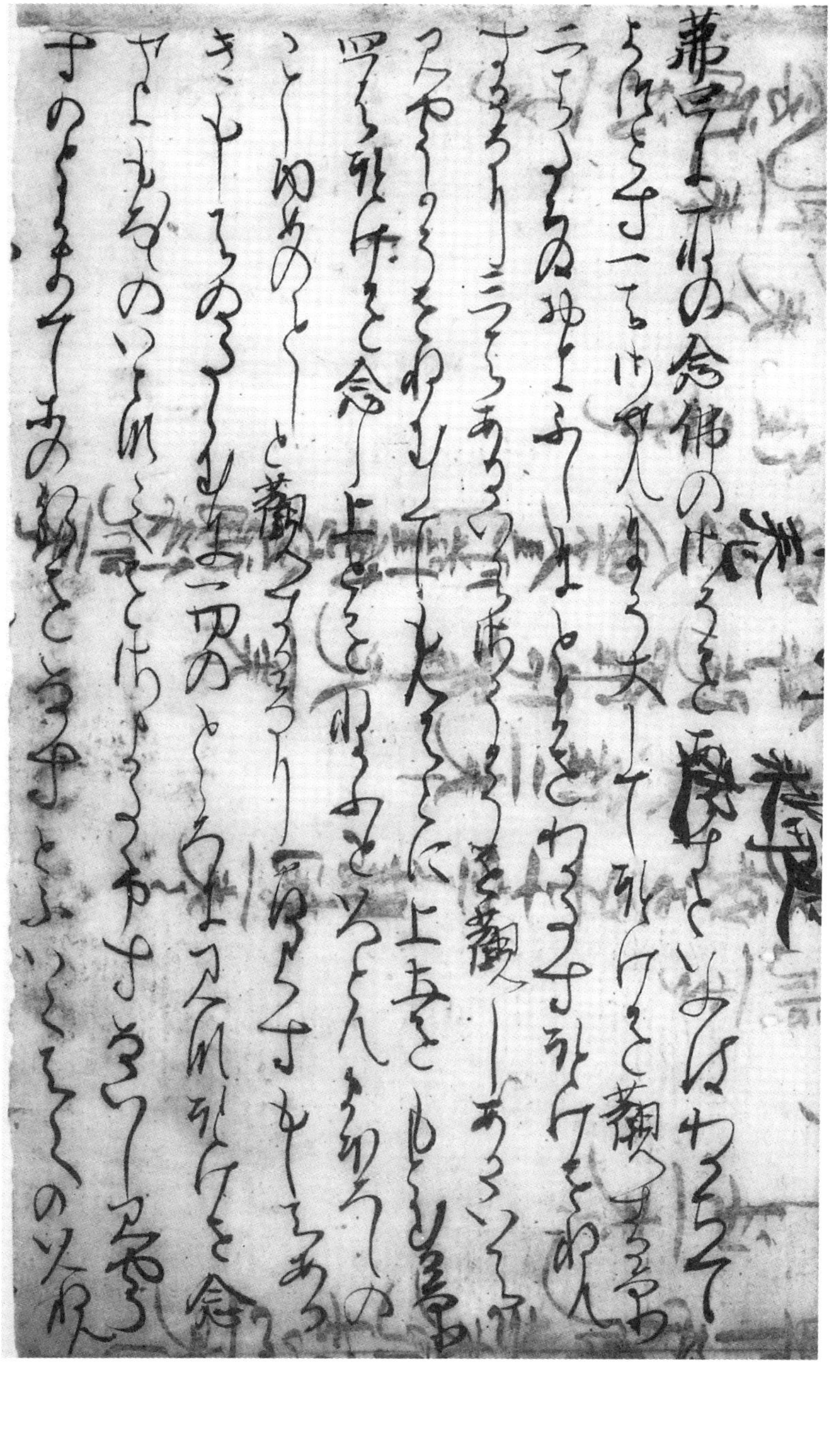

ちるみしのせむまうむのちとしによろこひてまうをおもふなり
しゆしむらちしにらう三ころあらくての本願のこゝろ
くるしむものゝかけ芽のふかめのこゝろなり
那五十念のあわれひとあらすと下品下生のまと
りよすよ十念してやうよろこひとこゑあはのよろこふ
の十念といふはたゝくちにすこしかふあらて侍
りうをえと念して十念をとなふるのありさま
うこしこすまあれと十念とはへとりまさ
なむとあみた仏とまうすなりしこのまゝ白と
あみたの仏をとふとゝことるゝところ也
すなはちあのしもあれのあくこそつかれてはくつの文

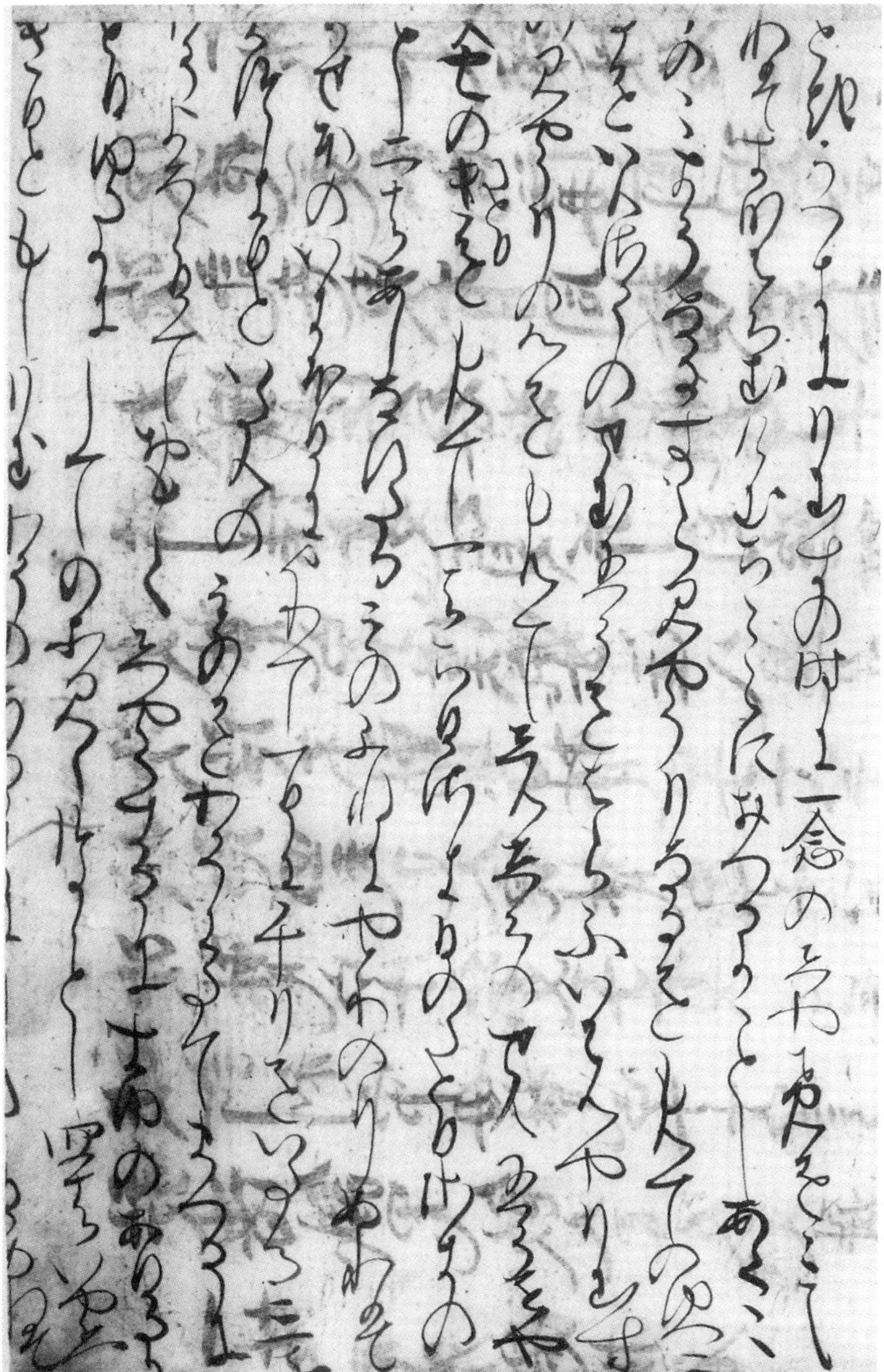

三十八

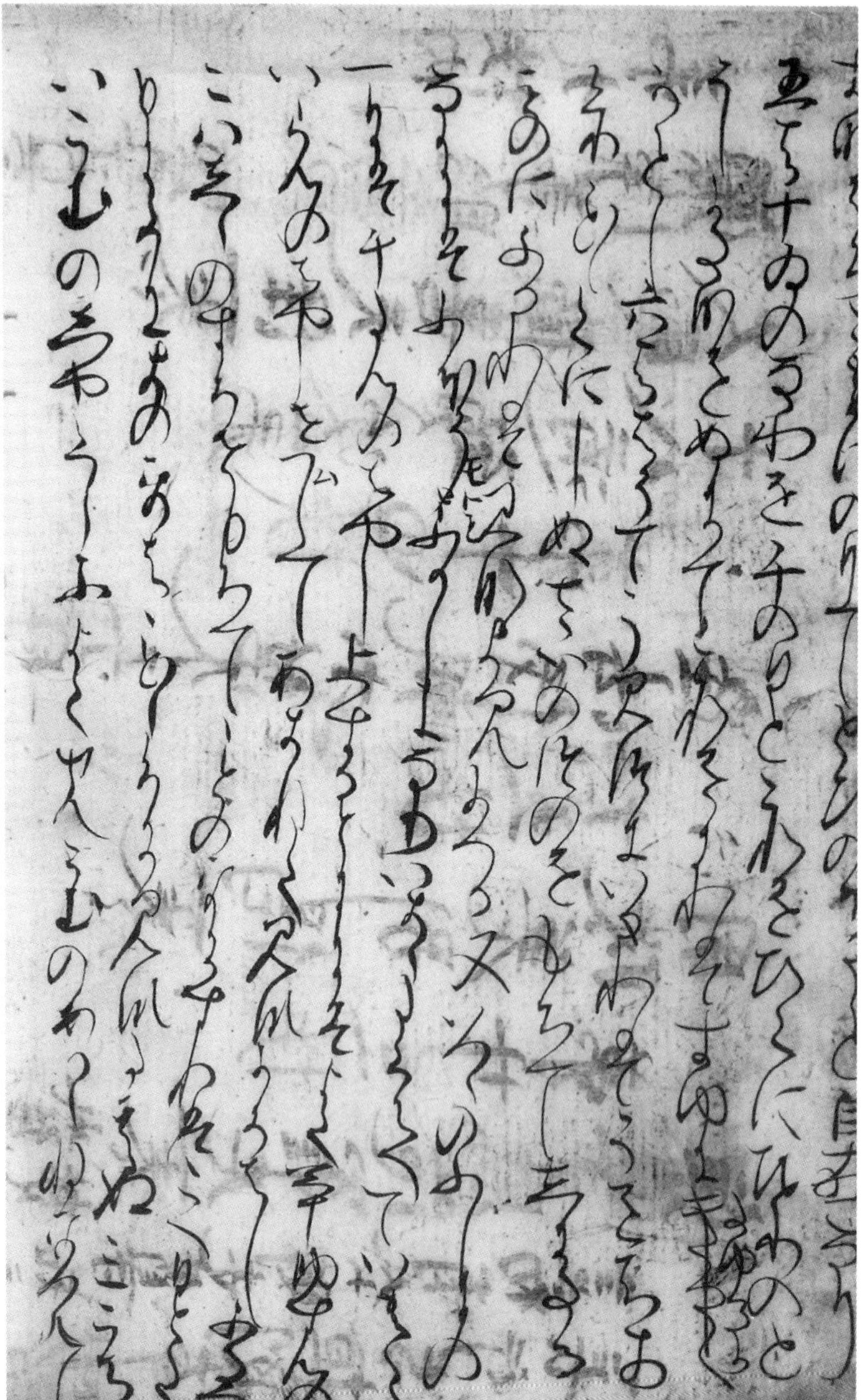

三十九

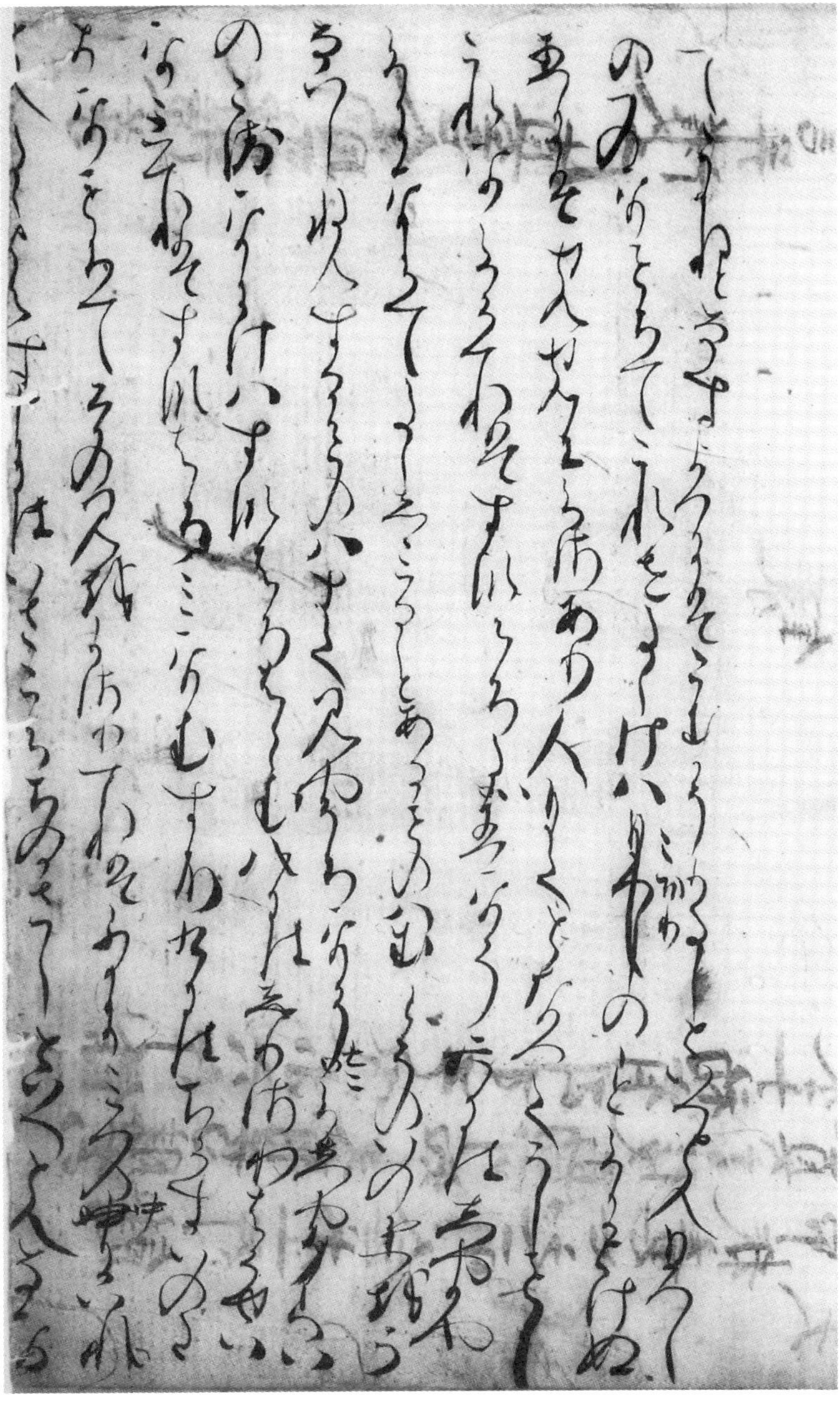

四十

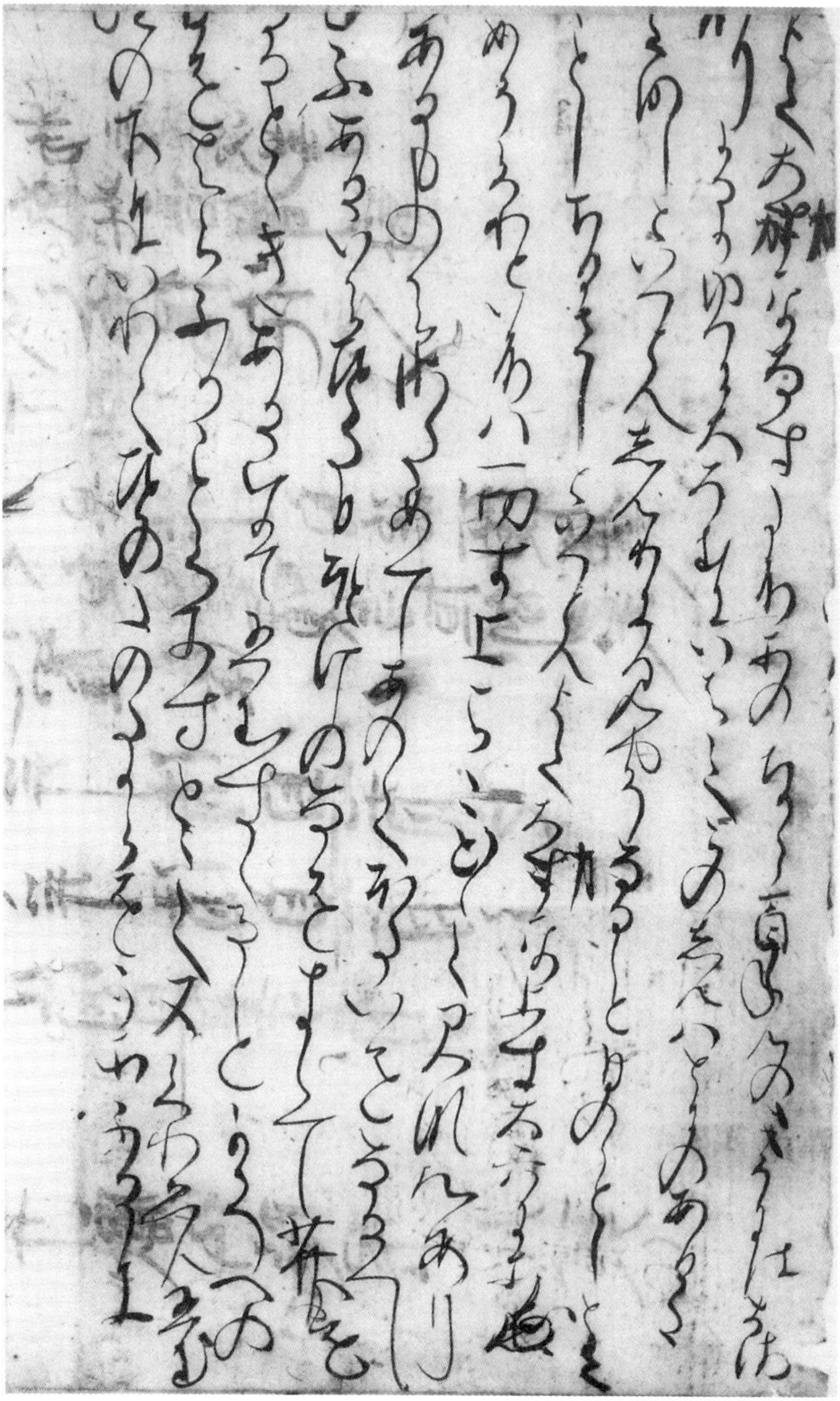

四十一

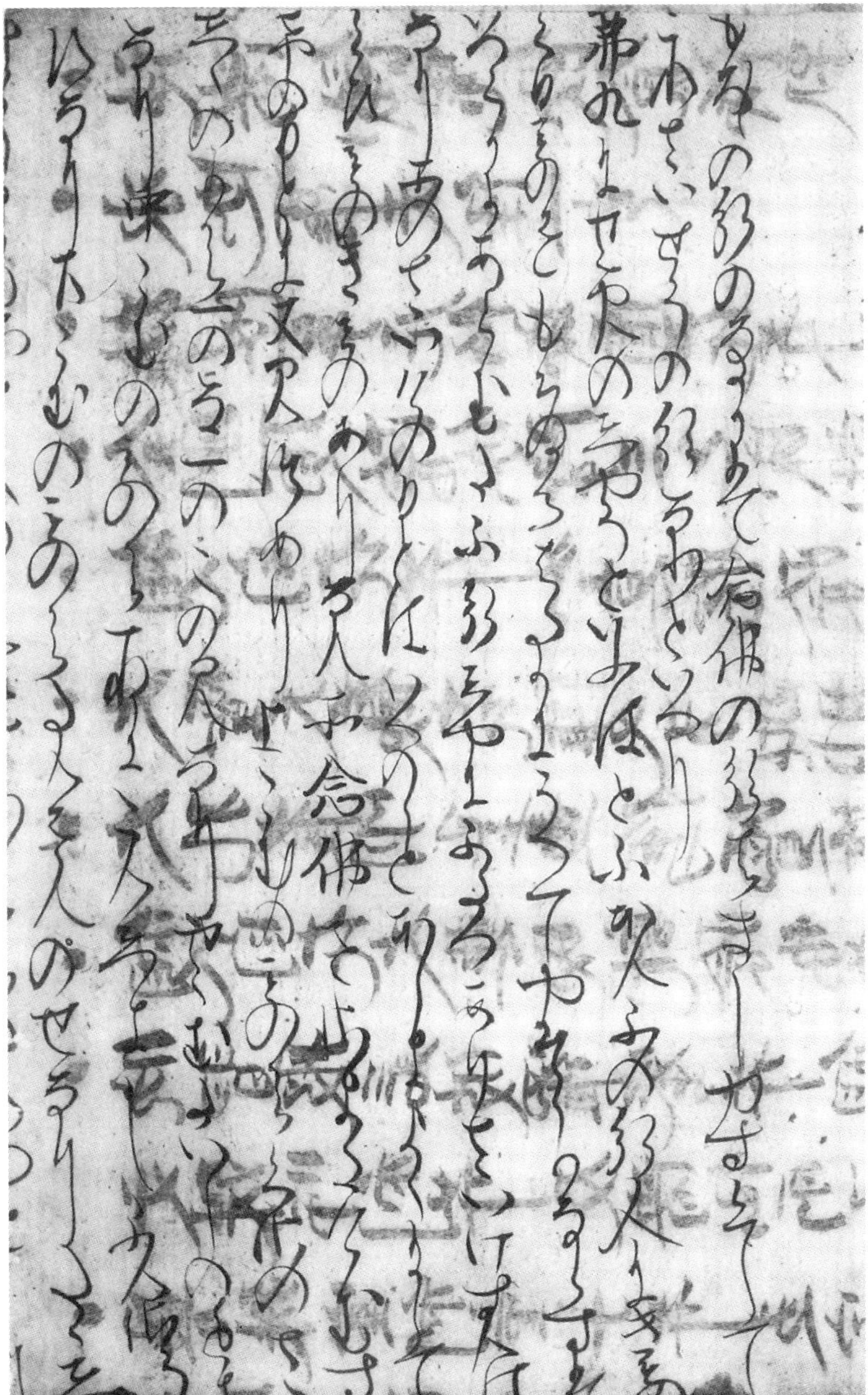

四十二

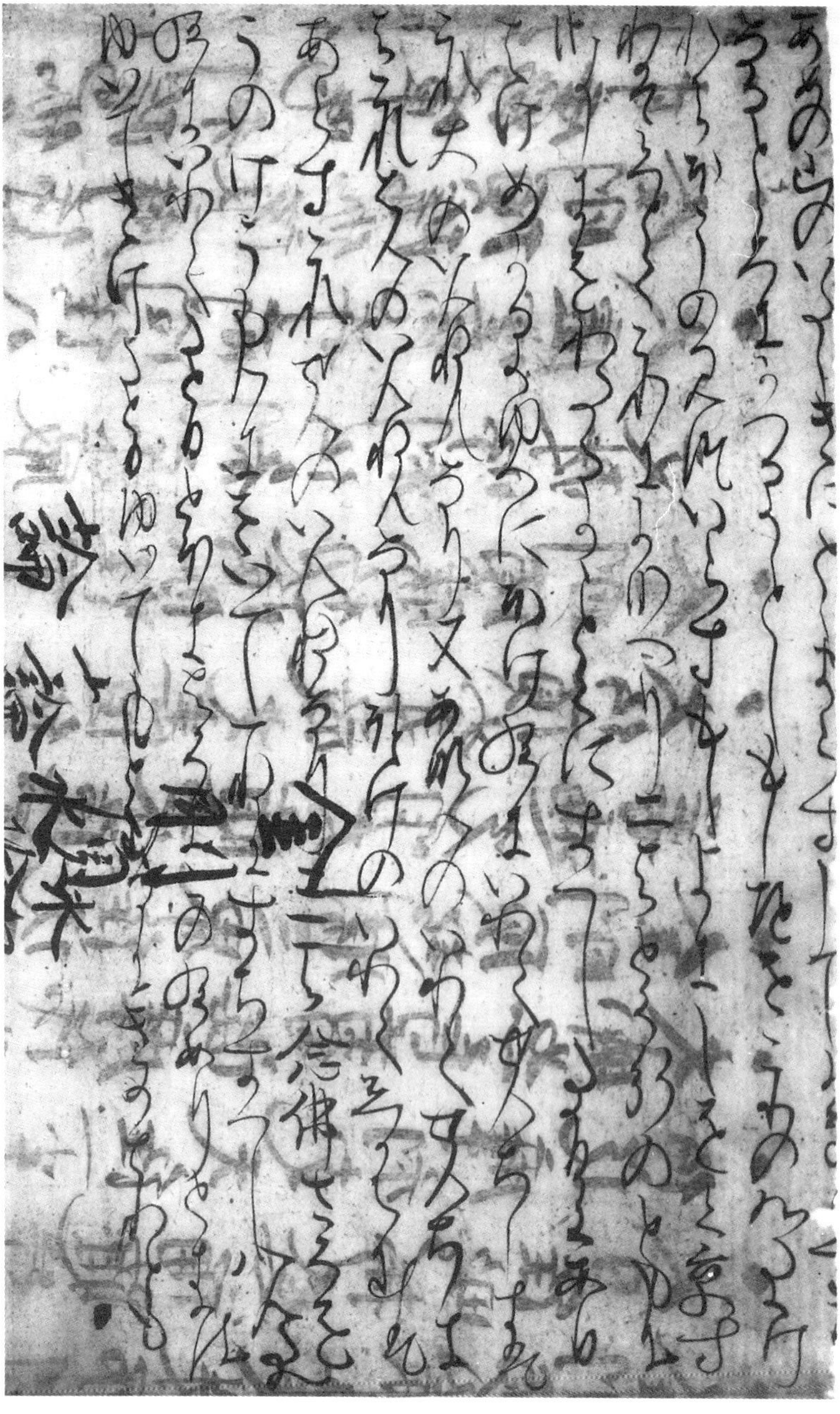

翻字本文

一

1 て(手)につゑ(お)をよひあみ(網)をとりてゆきつらなりて
2 かのう上(有情)をさいきりていつる(出)事をえしめすあるいは(或)
3 なわ(は)(索)をもちてしはりあるいはあみ(網)をもちて
4 すくふ又ひろく(廣)おほきなる(大)くろかね(鐵)のち(地)のうへにおき
5 てかのう上(有情)をあうけて(ふ)(仰)とひていはくなんちら
6 いまはなにのもちゐる(須)ところかすることたへていはく
7 われら(我等)いまはつゐ(ひ)におほゆることなししかれともう
8 へ(ゑ)のく(苦)のためにせめらる*ときにかのこくそち(獄卒)す
9 なはちくろかね(鐵)のかなはし(鉗)をとりてくちをは
10 さみあけてきわめて(は)あつくやけ(燒)たるくろかね
11 (の)[ ]

二

1 ふ[さには經ろん(論)]にとくかことし(如)ひろくのふるにいとま(遑)
2 なし
3 [大](第)二、か鬼(餓)たう(道)をあかさ(明)はちうそ(住處)にふたつあり一は地
4 のした(下)五百由旬にありえむまわうかい(閻魔王界)なり二は人
5 天のあひた(間)にありそのさう(相)おほし(多)いますこしをあか
6 すへしあるいは(或)み(身)のなか(長)さ一尺あるいは(或)ひと(人)はかり
なる

もありあるいは千ゆせんなのことしあるいはせゝむのことしあるいは鬼ありかなへのみとなつくそのみなかくおほきにしてひとふたりはかりなりおもてめなしてあしはかなへのあしのことしあつきひなかにみち*てそのみをやくむかしたからをむさほりみやうをころせるものこのほうをうく

（この間欠落あり）

三

おほきなるかなしひをなすたゝしふたつのむしのみありて七日かあゐたあらそふ七日をすきおはりてひとつのむしはしぬひとつのむしはなをいきたり又たとひあちはひよきものをくへとも一夜をすくれはみなふ上となりぬたとへはくそゆはりのともにくさきかことしこのみも又しかなりわかきよりをひにいたるまてたゝこれふ上なり大い*かいのみつをかたふけてすゝくともきよむへからすほかにはうつくしきさうをほとこすといへともうちにはたゝもろ〳〵のきたなきことをつゝめりなをしゑかいたるかめにくそをいれたるかこと

四

［　　　　］［よき］［　］［ち］（かた）を［み］てうち（内）
のふ上（不浄）をはさとらすいはんや（況）又みやうす（命終）のゝち
つか（冢）のあひたにすて（捨）つれは一日二日ないし七日を
ふる（經）にそのみ（身）はれふくれていろあを（青）くへんす
くさりたゝれてかは（皮）かけうみ（膿）しるち（血）なかれいつ（出）
たかわし（鷲）とひ（鵄）ふくろう（ふ）（梟）きつね（野干）いぬ（狗）すゝ（種々）のけたもの（禽獣）
とりさいてくらふけたものくらひおはり（を）ぬれは
ふ上（不浄）つい（ひ）え（潰）たゝれ（爛）たりむ兩す（無量種）のむし（雑）ましはりいてゝ
にくむへきことし（死）にたるいぬよりはすき（過）たりない
しゝろ（白）きほね（骨）となりおはり（を）ぬれはえたふし（支節）わかれ
ちりてあしとくろ（髑髏）を（お）の〳〵ほか〳〵にありかせ（風）

五

ふきひ（日）さらし（曝）あめ（雨）そゝきてとし月をつもりて
いろへんすつゐ（ひ）にやふれくちてくたけ（砕）てちりつと*
なりぬ已上大はな（般若）（止観）四巻とにみえたりまさにしるへし
このみ（身）はしめおはり（を）きよからすあい（愛）するところの
をとこ女みなかくのことし心あらんものふけること
あらんやかるかゆへ（ゑ）に四巻（止観）にいはく（未）（いまた）このさう（相）をみ
されはあいせん（愛染）はなはたこは（強）しもしこれをみ（見）つれ

はよくしむ（欲心）すへてやみ（罷）ぬくそをみさるときにはなを（ほ）（猶）よくいゐ（ひ）（飯）をくひたちまちにくさ（臭）きかを（香）かきつれはすなはちへと（反吐）をつくかことし又いはくもしこのさう（相）をせう（しょう）（證）しつれはたかきまゆ（あを）□□

六

ことしまなこにもみるへからすいは（況）むやくちすひうたき（抱）てあいしたのしまんや二にく（苦）のさうといふはこのみははしめむまるゝよりつねにくなう（苦悩）をうくほう（寶積）尺經にとくかことき もしはをとこもしは女はしめてむまれてちにおつるにあるいはてにさゝ（捧）けあるいはころも（衣）にうけとるあるいはふゆなつ（冬夏）のときすゝ（涼）しくあつ（熱）きかせにふるゝに大くなう（苦悩）をうくいけはき（生剝）のうしのかきかへ（墻壁）にふるゝかことくひと（人）ゝなりてのちに又くなう（苦悩）おほ

（この間欠落あり）

しおなし（同）き經にいはく二す（種）のく（苦）ありいはゆるめみゝはなしたのとはむねはらあしてに（眼耳鼻舌咽喉歯胸腹足手）

七

四巻（止觀）にいはくむ上（無常）はたう*（ふ）とひにしこまをも

えらはすあやう(ふ)くもろ(脆)くしてかた(堅)からすたの(恃)むことなかれいかんそやす(安)らかにして百さいをねかひて四方にはしりもとめてたく(貯)はへつ(積)みあつ(聚)めをさ(斂)めむあつめをさむるものいま(未)たたらさるにたちまちにい(往)ぬれはあらゆるたく(貯)はへいたつ(徒)らにた(他)のものとなりぬくらくしてひとりゆ(逝)くに*たれかこれかれをとふらはんもしむ上(無常)のはや(暴)きみつ(水)たけ(猛)きかせ(風)よりもすきたるをさと(墨消)「り」*ナは心おほきにおそれてねふりをむしろ(席)にやす(安)くせすしき(食)はあまく(哺)[、]*[ま]すしてか[うへの][　](ほの)[を](ほ)[ゝ][は]らふか

八

[　](ことく)[してこの]よを[い]てむこと[を][　][た]とへはきつねのみゝ(耳)をき(尾)(牙)をうしなふに[　](い)つ(詐)はりねふりてのかれむことをのそむにた[　](ち)まちにくひをきらふ*といふをきゝて心を(お)[　](ほ)きにおちおそるゝかことしし(生)やうらう(老)(墨消)「のやま ヒヤウニ[ゐ]に」あへるをはなを(ほ)(倚)しすみやかなりとせすし(墨消)「[　]ぬること」をはおそれさることをえんやおそるゝ心おこるときにはあつきゆ(湯)ひ(火)をふむかこ

とし入道*かくのことしまことにいとひはなる(厭離)へし
天(第)六に天たうをあかさは三あり一はよかい(欲界)
□しきかい(色界)三にはむしきかい(無色界)そのさうすてに
ひろしくはしくのへ(述)かたししはらく(一)いん

九

そ(處)をあけ(擧)てそのよをはれい(例)せんかのたう(切)
り(利)天のことき(は)はたのしひきわまり(極)なしといへとも
いのちをらむ*(終)とするときに五すい(衰)のさうけん(相現)
す一にはかう(頭)へのうへ(上)のはなかつら(花鬘)しほむ二は
天衣あかつきけかる三はわき(腋)のした(下)よりあせ
いつ(出)四はふたつのめまたゝくいつゝ(五)はもとのゐ
ところをねかはすこのさうけん(相現)するとき
に天上源*そく(眷屬)みなとを(遠)(ほ)さかるこれをすつ
る事くさ(草)のことしはやし(林)のあひたにのき
ふしてかなしひなき(悲泣)てなけきていはく
□(このもろ)〱□(の)天□(女)は我つねにあはれひきいかんそ

(この間欠落あり)

十

□(す)のかむろはたちまちにしき(食)すること
とえかたし五めう(妙)のを(お)んかくはにわ(は)かにきく

ことをたち(絶)つかなしきかなやこのみひとり
このく(苦)にかゝれりねかはくはあはれひを
たれてわか(墨消)「□」いのちをすくひてすこしきの
ひ(日)をの(延)へは又たの(樂)しからさらんやかの五*つ(牛頭)の
山*ヲをく(沃)せう(焦)のうみにおとすことなかれこの
ことはをなすといへともあへてすく(救)ふもの
なし六はらみん(波羅蜜)經まさにしるへしこのく(苦)
は地こくのくよりもはなはたしし(正)やう

十一

ほう(法)(ふ)念經の下(偈)にいはく天上よりたい(退)せんとする
ときには心に大くなうをなす地こくのもろ〳〵の
く(苦)十六ふ(分)んにしてひとつにもおよはすよ(餘)の
五よく(欲)の天もこと(悉)〳〵くこのく(苦)あり上にかい(二界)の
なかにはかくのことき(の)ことなしといへともつゐ(終)(ひ)
にたい(退)もん(没)のく(苦)ありないし(乃至)ひさう(悲想)天までに
あひ(阿鼻)をまのかれすまさにしるへし殿上(天)又
たの(樂)しむへからす
大(第)七にそうけん(物結)すといふはしやうし(生死)のくかいゝと
ふへしかくのことき三かいみなく(苦)なりひとつと
してたの(樂)しむへからすよつ(四)の山あひきたりて

（のかれ（遁）さる（避）ところ）

十二

□

てふかく五よく（欲）にちやく（著）せりこせ（後世）のほう（報カ）を
しらすかるかゆへ（ゑ）にしやうほう（正法）（ふ）念經（偈）の下にいはく
ちさかく（智者）つね（常）にうれへ（憂）をいたくこと五く（獄）のなかに
とらへられ（囚）たるかことしく（愚）人はつねにたのし
ひてくわう（光音天）をん（お）殿のことしほうしやく（寶積）經に
いはくすゝ（種々）のあくこう（悪業）（ふ）（を）おもんてたからをも（求）
とめてさいし（妻子）をやしなひてたのしひと思へと
もいのちをはるときにさいしよく（能）あひすく
ふ（墨消）「ゝ」（も）のなし三つ（途）のふゐ（怖畏）のなか（中）にを（お）きてみえ
すさいしおよひしんそくむま（馬）くるま（車）またから
みなた人（他）にしたかひぬく（苦）をうくるにたれか

十三

くをわけむといふちゝ（父）はゝ（母）あに（兄）おとうと（弟）めこ（妻子）と
もたちけんそくならひにたからしぬる（死）のちは
【ひ】とつもきたりてあひむつふものなしたゝ
【こ】くこう（黒業）（ふ）のみありてつねにすいちく（随逐）すえん（閻）
【ら】（羅）つねにかのつみひと（罪人）につけ（告）ていはくすこし

［の］つみをわれくは(加)ふることなしなんちみつから(自)
(つ)□みをつくりてけふみつからきたれりこう(ふ)(業)
(ほ)□(報)うおのつから(自)まねきてかはるものなき
(な)□りち(父)、は、(母)めこ(妻子)もよくすくふことなした、
(つ)□とめてよをいてむと思へ大しむ(ふ)(集)經(偈)の下に
□

十四

□
あく(悪)をつくりてく(苦)をうくいたつら(徒)にむまれい
たつらにしにてりむてん(輪轉)きわ(は)まりなし經(偈)の下に

いはくひとひとりいこう(一劫)(ふ)のなか(中)にうけ(受)たるもろ〱の
みのほね(骨)をつねにつみ(積)てくちやふれすは
ひふらせん(毗布羅山)のことくならむいこう(一劫)(ふ)すらなを(ほ)
しゝかなりいはん(況)やむらうこう(無量劫)(ふ)をやわれらつと
めを(お)こなはさりしゆへ(ゑ)に(墨消)「むへむ」いたつらにむへ(無
む(邊)のこう(劫)(ふ)をへ(經)たりいまもしつとめ(勤)すはみ(未
らい(來)も又しかるへしかくのことき(如)むらう(無量)の
さうし(生死)［の］なかには人のしん(身)をうることかたし

（この間欠落あり）

十五

そむ(存)せんかためにものをくふといふともあち
はひをむさほりけうまん(憍慢)をなすことなかれ
もろ〱のよくにおきていとひをなしてむ(無)上の
ねはむ(涅槃)をもとむへしこのみ(身)をやわら(は)けて
やすらかならしめてしかうしてのちにさい(齋)
かいをす(戒修)ヽへしひとよ(一夜)にいつ(五)ヽのときありふたつ(二)
のときにはねふり(眠)てやすむへししよや(初夜)よな(夜中)
かこや(後夜)にはしやうし(生死)をくわん(観)してわたらん
ことをもとむへしむなしくすくす(過)ことな
かれたとへ(譬)はすこしのしを(ほ)ヽこうか(恒河)にいれたる
□(みつ)□□(梵)□

十六

天のりよく(離欲)のたのしひをうく(受)といへともかへりて
むけん(無間)のしねん(熾燃)のく(苦)におちぬ(墜)天く(宮)にゐ(居)てくわう(光)
みやう(明)をく(具)せりといへとものちには地こく(獄)の
くらきやみのなか(中)にいり(入)ぬもし又ひとあ(有)んて
ひとゐ(ひ)(一日)かうちに三百のほこをもちて(以)そのみを
さゝむにあひこく(阿鼻獄)の一年(念)のく(苦)にならふれは
百千萬にわかちてひとつつ*にもおよはし

ちくしやう（畜生）のなかにを（お）きてくむ兩（苦無量）なり
あるい（或）はかけしはり（縛）むちうちあるいはみや*（明）
すはつのきはほねけかはし、むらの（珠羽角牙骨毛皮肉）

（この間欠落あり）

十七

して念すへ（し）□□二一の□（念ことにうたかひのこゝろを）
なすことなかれ一には□（大乗の實智を）
おこしし*やうし（生死）のゆら□（いをしるへし一念のま）
うしむに□（よりて）しやうし□（の界に入りてよりこのかた）
むみやう（無明）のやま（病）ゐ（ひ）に□（くらまされひさしく）

本かく（覺）の□（みちを）わすれ□*（たり）
とたひ□三せ□（十方一切諸佛）
ねんせ□つ□こゝろ□（を一にして）
ほ（ふ）う（法）をねん□（す）へしなも（南無）□（三世佛母摩訶般若波羅）
みんな（蜜）もひ□（や）うとう（南無平等）大□*□（妙法蓮華經な）
も八萬十二一切しやうほう（正法）（ふ）□（次に隨逐護念）
の思ひをなし□（て）心をひと□（つにして僧を念すへし）

（この間欠落あり）

十八

てらい（照）たまふのみにあら□（すみつから觀音勢至とともに）

つね（常）に［に］きたりて行さ（者）を（擁護したまふいかに）
いはんや（況）如來*の大ひ（悲）やまゐ（ひ）（のこにおいてをや）
その心ひとへ（重）におもしほ（法性）（ふしやうの山をうこ）
かしてしやうし（生死）のう（みにいるまさに）
しるへしたゝいま（今）ほとけ（大いなる光明を放）
ちてもろ〳〵の艹艹（菩薩衆）すとと（もにきたりていんせふ）
しおうこ（擁護）したまふらむ（まとひさはりあひへたゝりて）
みることあたはすといふと（いへとも大きなる悲願）
（うたかふへか）らす（決定してこの室にきたりいる）

（この間欠落あり）

十九

つとめてほとけ（佛）を観せんものをやほとけあなん（阿難）に
つけたまわ（は）くなんち（汝）もんすしり（文殊師利）のことは（言葉）をたも
ちてあまねく（遍）大す（衆）を（お）よひみらいせ（未來世）のす上（衆生）にをしへ
よもしよくらいはい（禮拜）するものもし（若）ほとけ（佛）をねん（念）
せむものもし（若）よくほとけ（佛）を観せんものこのひとは
もんすしり（文殊師利）とひとし（等）くしてことなることなし
又いわ（は）くときに十方のほとけきた（來）りてかふさ（跏趺坐）
せりと*方（東）のせむとく（善徳）佛大す（衆）につけ（告）ていわ（は）く
われくわこ（過去）のむ兩せ（無量世）のときを思へはほとけよ

にいてたまふことありきほうゐとく(寶威德)上わう(王)と

二十

のさう(像)のいつくしくあらはにしてらい(禮)し(を)おはりて下(偈)をといてさんたん(讃歎)したてまつりきのち(後)のときにみやうす(命終)してこと〳〵くとうはう(東方)のほうゐとく(寶威德)上王佛のくに(國)ゝむまれて大れ化(蓮華)のなか(中)にけんか(結跏)ふさ(趺坐)してこんねむ(忽然)に化しやう(生)せりこれよりのちにつねにほとけ(佛)にあふことをえて諸佛のみもとにしてきよくほむ(梵行)經をす(修)して念佛三枚(三昧)をえてき三枚(三昧)をえをはりてほとけ(佛)ためにすき(授記)したまひき十方のおもて(面)におきてをの〳〵ほとけになることをえたりとう(東)方の

二十一

せむとく(善德)佛といふわか身これなり東南方无優(憂)德佛・南方栴檀德佛・西南方寶施佛・西方无量明佛・西北方花德佛・(墨消)「下」北方相德佛・東北方三(墨消)「昧」乘行佛・上方廣衆德佛・下方明德佛・如是十佛・過去に佛塔を禮し像を觀し一偈もちて

6 讃歎せん十方(*シニヨテ)におの〱ほとけになることをえたるな
り
7 大くわうみやう(光明)をはなち(放)ておの〱本こく(國)にかへりに
8 きわれむかし九わう(空王)佛のみもとにしてすんけ(出家)
9 してたう(道)をかく(學)しきときによたり(四人)のひく(比丘)
10 とも(共)にとうかく(同學)としてほとけのさうほう(正法)(ふ)を
11 なら[ら]ひきほんなう(煩悩)心をゝ(お)こしてふせん(不善)のこう(業)(ふ)

二十二

1 [おほく][□](し)[てあくた]うにおちぬへかりきそら(空)のなかに
2 こへ(ゑ)(聲)あんてひく(比丘)にかたりていゝ(は)わくくわう(空王)如來はねは(涅槃)

3 むしたま(墨消)「ふといへとも」(ひ)てなんち(汝)かつみ(罪)をすく(救)
ふものな
4 しと思といへともなんたち(汝等)いまたう(塔)(ふ)にいり(入)て上(像カ)*を
5 みるへしほとけ(佛)のさいせ(在世)とことなることなしわれそら(空)
6 のこへ(ゑ)(聲)にしたかひてたう(塔)(ふ)にいり(入)てみけん(眉間)の白か(毫)
7 うをみてすなはちこの念をなさ(作)く如來の
8 さいせ(在世)のくわうみやう(光明)のしきしむ(色身)とこれとなんの
9 ことなる(異)ことかあらむほとけ(佛)ねかは(願)くはわかつみ(罪)を
10 のそ(除)きたまへこのことはをなしおはりておほ(を)き(大)
11 なるやま(山)のくつる(崩)ゝかことくして五たい(體)をち(地)に

なけ(投)てもろ〳〵のつみを三化(懺悔)しきこれよりのち
八十(億)を(お)くあそうきこ(ふ)う(阿僧祇劫)にあくたう(悪道)におちすしやう〳〵(生生)

二十三

につねに十方の諸佛をみたてまつりき諸佛のみ
もとにしてしむ〳〵(甚深)の念佛三枚(昧)をすち(受持)しき三枚(昧)を
えお(を)はりて諸佛けんせん(現前)にわれ(我)にきへん(記別)をさつ(授)
けたまひきとう(東)方のめうきこく(妙喜國)のあすく(阿閦)佛は
すなはち大一(第一)のひく(比丘)これなりなん(南)方のかんきこく(歡喜國)
のほうさう(寳相)佛は大に(第二)のひく(比丘)これなりさい(西)方の
こくらくこく(極樂國)のむ兩す(無量壽)佛は*大三(第三)のひく(比丘)これなり

ほんはう(北方)のれ化(蓮華)。こく(國)(しやうこむ)のみめうしや(微妙聲)*佛は大三(第三)のひ(比
く(丘)これなりときに(時)よたり(四人)の如來おの〳〵みき(右)のて
をのへてあなん(阿難)かいた〻き(頂)をなて〻つけ(告)ての
たまわ(は)く□(な)□(ん)ち□(ほ)と□(けの)

二十四

□むかしひく(比丘)ありきそのはわ(母)(は)を
わたさむと思にはわ(母)(は)すて(已)にし(死)ぬすなはち
道けん(眼)をもん(以)て天上人中けたものくさこけ
のなかにもとむる(求)につゐ(ひ)にみえす地こく(獄)を
観するにはわ(母)なか(中)にありかなしひなけきて

ひろく方便をもとめ(求)てそのく(苦)をのからかさ
むとすとき(時)にとなりのくにゝわう(王)ありちゝ(父)を
ころしてくにをうはへりひく(比丘)このわう(王)の
いのち七日ありてつみ(罪)をうけ(受)むするところ
をしりぬひく(比丘)のはわ(母)(は)とおなしくひとつところ

二十五

にあるへしといふことをさとるよる(夜)のしつか
なるときにかへ(壁)をうかち(穿)てみのなからを
あらはすわう(王)をひえ(怖)(お)てつるきをぬきて
かうへ(頭)をきる(斫)かうへ(頭)すなは(卽)ち地におつれ(落)と

もそのところはもとのことしこれをきる(斫)こと
あまたゝ(數度)ひするにかうへち(地)にみて(滿)りひく(比丘)
うこか(動)すわう(王)心にすなは(乃)ちそのつねなら
さることをしり(知)ぬかうへ(頭)をたゝき(叩)てとか(過)を
くゆ(悔)ひく(比丘)のいわく(は)おそる(怖)ゝことなかれおつる(怖)
ことなかれあひ(相)みちひかむと思なんち(汝)ちゝ(父)を
ころしてくに(國)をはへ(奪)り[や][い]な(否)[や]こたへて

二十六

[佛(なも)とせう(しよう)(し)][て]
七日たゝ(絶)すはすなはちつみ(罪)をまのかる(免)ゝこと

をえ(得)てむかさね(重)てこれにつけ(告)ていわ(は)くつゝ(愼)み(し)
てこのほう(法)(ふ)をわするゝことなかれとをしへて
すなはちとひさり(飛去)ぬわう(王)すなはちて(手)をあさへ(叉)
て心をひとつにしてなも(南無)佛とせう(稱)(しよう)すること
七日を(お)こ(懈)たらすして七日あんていのちお(を)はりぬ
たましゐ(ひ)ないり(泥黎)のかど(門)にむかひてなも(南無)佛と
せう(稱)(しよう)するにないりのうちのひとほとけといふをん(音)(お)
しやう(聲)をきゝてみな一子(一時)になも佛といひしかは
ないり(泥黎)すなはちさめ(冷)ぬひく(比丘)ためにほう(法)(ふ)を

（この間欠落あり）

二十七

百八のほんなう(煩惱)をのそきてむ
第九にわう上(往生)の諸行をあかす(明)といふはこくらく(極樂)をも
とむるものかならすしもねふん(念佛)をもん(專)はらにし
もせすおの〳〵心にまかすへしもろ〳〵の經ろん(論)に
衆ち(受持)
とくす(讀誦)とう(等)をもて(以)わう上(往生)の*(こ)くらくのとう(業)*(ふ)とせり
大あみた(阿彌陀)經にいはくかい(戒)をたもちて心をひとつに
して中や(晝夜)にあみた佛のくにゝむまれむと思ひて
十日十夜たゝされはこと〳〵くあみた(阿彌陀)佛のくに(國)ゝ

むまる(生)十わう上(往生)經にいはくとを(十)のわう上(往生)あり
ひとつにはみ(身)を觀して思ひをたゝ(正)しうして
つねにかんき(歓喜)をいたいて(懐)を(お)んしき(飲食)えふく(衣服)をもんて

二十八

一切す上　　してあみた
佛のくにゝわう上(往生)す三はしやうねむ(正念)にしてひとつの
ものゝいのち(命)をころさす一切をあはれひてあみた(阿彌陀)
佛のくに(國)ゝわう上(往生)す四にはしやうねむ(正念)にしたかひて
かい(戒)をうけむほん(梵)行(修)をすして心につね(常)によろ
こひ(懐)をいたけるあみた佛のくにゝわう上(往生)す五は

しやうねむ(正念)にしてふも(父母)にけうやう(孝養)し*ゝうに
うやまゐ(ひ)(敬)て*經まん(憍慢)の心をいたかさるあみた(阿彌陀)佛
のくにゝわう上(往生)す六はしやうねん(正念)にしてそう(僧)
はう(坊)にゆいて(往)たう(ふ)(塔)てら(寺)をく京(恭敬)しほう(ふ)(法)を
きゝてひとつのき(義)をさとるあみた佛のくにゝわう上(往生)す

二十九

七にはしやうねん(正念)にして一日いんすく(一宿)かうちに八さ(齋)
いかい(戒)をすち(受持)してひとつをもやふらさるあみた
佛のくにゝわう上(往生)す八はしやうねんにして
よく(能)月のさいにち(齋日)のうちにはうしや(房舎)*うをはなれ

てつねによき(善)とものもとへゆくあみた佛のくに丶
わう上(往生)す九はしやうねんにしてつね(常)に上かい(浄戒)を
たもちてせん丁(禅定)をねかひてほう(ふ)(法)をまほりて
あしき(悪)ことはをいはすかくのことき(の)ひとあみ(阿彌)
た(陀)佛のくに丶わう上(往生)す十はしやうねんにして
む(無)上たう(道)にしてひはう(誹謗)の心を丶(お)こさすしや(精)
う(進)神にして上かい(浄戒)をたもち又むち(無智)のものを
□(をしへて)

三十

こと〱くみなあみた佛のくに丶わう上(往生)す又十ねむ(念)
あり一はもろ〱のす上(衆生)に(お)をいてつねに自身(慈心)を
なしてその行をそしらさるもし(若)その行をそし
れはつゐに(ひ)わう上(往生)せす二はもろ〱のす上(衆生)に(お)をいて
つねにひ(悲)心を丶(お)こしてかい(害)の心をのそく三はほう(ふ)(法)
をまほる心を丶(お)こして心みやう(身命)を丶し(惜)まさる
一切のほう(ふ)(法)に(お)をいてひはう(誹謗)をなさ丶れ四には
にんにく(忍辱)のなか(中)にして化丁(決定)の心をなす五は
心をしやう〱(清浄)にして*りやく(利益)にそまさる六は
一さいち(切智)の心をを(お)こしてひ丶(日々)につねに念して
はいまう(癈忘)することなき七にはもろ〱のす上(衆生)に

を(お)いてそんちう(尊重)の心をゝ(お)こしてかまん(我慢)の心を*

三十一

なき八はあち(味)はひにふけらされ九はすゝ(種々)
のせん五む(善根)をゝ(お)こしてさつたん(散乱)*の心をはなるゝ
十はしやうねんにしてほとけ(佛)をくわん(観)してもろ〳〵の
さう(想)をのそくこの十す(種)の心のなかにかならす(必)しも
とを(十)ゝくせ(具)されともわう上(往生)することをうくわん(観)
人の心にしたかふて
經にいはくかのくにゝむまれむと思はゝみつ(三)の
ふく(福)をすゝ(修)へし一にはふも(父母)にけうやう(孝養)し*ゝう
につかへ自(慈)心をもん(以)てものをころさす十せん(善)の
こう(ふ)(業)をす(修)ゝるなり二は三鬼(歸)をすち(受持)しもろ〳〵の
かい(戒)をくそく(具足)してゐき(威儀)をゝこさ*ゝる三は艹卄(菩提)
しむ(心)をゝ(お)こしてふかくいんくわ(因果)をしむ(信)して大せ(しよ)(乗)
う(う)をとくす(讀誦)し〔行〕(者)さを〔す〕(ゝむ)るなりほとけ□

三十二

□(のしやういんなり)又いわ(は)く上品上
しやう(生)といふはもしす上(衆生)あんてかのくに(國)ゝむまれむと
思はゝ三十(種)の心をゝ(お)こしてわう上(往生)すへし一はまこと
の心を
いたす二はふかき心三はゑかう本月(廻向發願)心なりこの三

つの心をくする（具）ものかならす（必）かのくにゝむまる
又三十（種）のす上（衆生）あり一は自（慈）心をもんて（以）ものをころさす
もろ〱のかい（戒）行をくする（具）なり二は大せう（しょう）（乗）はうと（方等）
う經殿（典）をとくす（讀誦）ゝる三は六年（念）をす（修）行して
かのくに（國）ゝむまれむとね*かひてこのくとく（功徳）をく（具）
すること一日ないし七日まてすれはすなはちわう（往
上（生）する上品中上（生）といふはかならすしもはうとう（方等）
經殿（典）をたもたされとも大いち（第一義）きにを（お）いてふかく

三十三

いんか（因果）をしむ（信）して大せう（しょう）（乗）をそしらすこのくとく（功徳）
をもんて（以）ゑかう（廻向）してこくらくこく（極樂國）にむまれむと
月（願）するなり上品下しやう（生）といふは又（墨消）「いん」いん（因
くわ（果）
を*しむ（信）し大せう（しょう）（乗）をそしらすたゝむ（無）上道の心を
おこすこのくとくをもんて（以）ゑかう（廻向）してこくらく（極樂）
にむまれむとねかふなり中品上しやう（生）といふは五
かい（戒）はんさいかい（八齋戒）をたもちてもろ〱のかい（戒）をす（修）行
して五きやく（逆）をつくらすもろ〱のとか（咎）なくし
てこのせんこむ（善根）をもんて（以）ゑかうして月くする（願求）
なり中品中しやう（生）といふははんさいかい（八齋戒）をうけもし

は一日一夜しやみかい(沙彌戒)をたもち一日一夜くそくかい(具足戒)をたもちゐき(威儀)かく(缺)ることなくしてこのくとく(けうや)

三十四

*うしよ(世)のあはれひを行するなり下品上しやう(生)といふはもろ〳〵のあくこう(悪業)(ふ)をつくりてはうとう(方等)はん(般)な(若)をひはう(誹謗)せされともおほくもろ〳〵のあくほう(悪法)(ふ)をつくりてさむき(慚愧)の心なしいのち(終)をはるにのそみて十二ふ(部)經のすたい(首題)のみやうし(名字)をき〻たな心をあはせてなもあみた佛(南無阿彌陀佛)とせう(称)(しよう)するなり下品中しやう(生)といふは五かい(戒)はんかい(八戒)(お)をよひくそくかい(具足戒)を〻かし(犯)かくのことき(愚)のく人はいのち(終)をはらむとするときに地こく(獄)のひいちし(火一時)にともに(倶)*きたらは(む)せんちしきの大自ひ(慈悲)をもん(以)てあみた(阿彌陀)佛の十力のゐとく(威徳)をときひろく(説廣)かのほとけ(佛)の神りき(力)をとかむ(説)にあはむこのひと(人)はき〻

(この間欠落あり)

三十五

第四につねの念佛のさう(相)をあかすといふはわかち(分)て

よつ（四）とす一はさせんにう（坐禪入定）丈してほとけ（佛）を觀するなり二はたちゐおきふしにとき（時）をわかたすほとけをねん（念）するなり三はあるいはさうかう（相好）を觀しあるいはみやうかう（名號）をねむ（念）してもんはら（專）に上（淨）土をもとむるなり四はほとけ（佛）を念し上と（淨土）をねかふといへともまほろし（幻）のことし（如）ゆめ（夢）のことしと觀するなりおほよ（凡）すもしはある（歩）きもしはゐ（坐）たらむに一切のところにみなほとけを念せよもろ〳〵のいとなみをさまたけ（妨）すないし（乃至）みやう（命）す（終）のときまてその行をなすとふ（問）いくはくのいんねん（因縁）

□

三十六

一は［みつ］からの*せむ五む（善根）のちから（力）による二はみつからねか（願）ひもとむる（求）ちから（力）による三はあみた（阿彌陀）の本月（願）のえむ（縁）

［四］はもろ〳〵のほとけ卄卄（菩薩）のそねむ（助念）のえん（縁）なり

第五に十*念のさうゆをあかすとふ（問）下品けさう（下生）のひとはりむす（臨終）に十念してわう上（往生）することをう（得）そのいふところの十念といふはいかやうにねんすへきそたふ（答）あみた（阿彌陀）佛のさう（相）を（お）く（憶）念して十念をふる（逕）にたの（他）思ひまし（交）

はることなきそれを十念といふ心をひとつにして
なもあみた(南無阿彌陀)佛とせう(しよう)ねむ(稱念)しこのむつ(六)の自(字)を
ふる(遥)あゐ(ひ)たを一ねむ(念)となつくるなりとふ(問)むま[れ]
てよりこのかたもろ〳〵のあく(悪)をつくりてひとつの
せん(善)

（この間欠落あり）

三十七

とをうへきにりむす(臨終)の時に一念のしやけん(邪見)をゝ(お)こし
□(つ)れはすなはちむけむちこく(無間地獄)におつるかことしあく(悪)こ
[う](ふ)(業)のこまう(虚妄)なるすらみやうり(猛利)なるをもん(以)てのゆへ(ゑ)に
[な](ほ)をいんさう(一生)のせむ五う(ふ)(善業)をはらふいはんやりむす(臨終)
[の]みやうり(猛利)の心をもん(以)てしんしち(眞實)のせん五う(ふ)(善業)をや
又七の(墨消)「口(たとひ)」をもんて一はちひさきひ(小火)のたとひ
さきの(前)
□(こ)とし二はあしなえ(蹇)たるものふね(船)にやとりのりぬれは
かせほ(風帆)のいきほひによりて一日に千り(里)をいたる(至)三は
□(ま)つしき(貧)ひと(人)いたん(一端)のものをわう(王)にたてまつるに
[わ]うよろこひておもく(重)しやう(賞)するにすゆ(須臾)のあひたに
とひ(富)ゆたかにしてのそみ(望)ゝつ(盈)かことし四はいやし(賤)
きひと(人)もしりむわう(輪王)[の][　][に][　](したかひ)[ぬ][れ]は

三十八

すなはちこく（虚空）*にのりてとひ（飛）のほること自在なり
五は十ゐ（圍）のなわ（は）を千のひと（人）これをひく（引）にひとり（一人）のと（童）
うし（子）かたな（刀）をぬきてこれをきれはすゆに（墨消）「きる丶」（たゆる*か）
かことし六はは*うてうみ（水）にいる（入）*れはうを（魚）はま（蚌）
くりこと（悉）〱くにし（斃）ぬさい（犀）のつの（角）をもちてしにたる
ものにふるれ（觸）はみな（皆）よみかへる又いつ（五）ゝのふしき（不思議）の
なかにはふほう（佛法）（ふ）*モトモ。ふかしき（不可思議）なりいま丶たくはへていはく
一には千たん（栴檀）のはやし（林）上（成）するときにはよく（能）四十ゆす（由旬）んの
いらん（伊蘭）のはやし（林）をへ（變）ム してあまね（普）くみなかうはしふたつ（二）
にはしゝ（師子）のすち（筋）をもちてこと（琴）のを（絃）にすれはこへ（聲）ひとた（忽）
ひきく（聞）によ（餘）の（絃）をはこと〱くにみなたえぬ三には
いこむ（一斤）のしやく（石汁）しふよく（能）せんこむ（千斤）のあかゝね（銅）をへんし（變）

三十九

てこかね（金）となすよつ（四）にはこむかう（金剛）かたしといへともひつし（羊）
のつの（角）をもちてこれをたゝけは（墨消）「ひつし」（こほり）のことくにとけぬ

五にはせんせん（雪山）にくさ（草）あり人にくとな（忍辱）つくうし（牛）もし「申」（中）にいれ

これをくう（食）つれはすなはちた（い）。（醍醐）五をう（得）六にはしやかや（沙訶薬）くに（お）をきてたゝ（但）しみ（見）ることあるものはむらう（無量）のいの（命）ちをう（得）

ないし（乃至）ねん（念）するものはすくみやうち（宿命智）をう。（七に）くしやク（孔雀）*らい（雷）

のこゑ（聲）をきけはすなは（卽）ちはらむ（孕）八にはしりさ（戸利沙）わ（は）はく（昴）*せい（星）

をみ（見）つれはすなはちみ（實）をむすふ（結）九にはちうすい（住水）のた

まをもちてそのみ（身）をかさり（飾）つれはふかき（深）みつ（水）の（墨消）「申」（中）にいれ

［ともたゝよはす十］にはいさ（沙）こはちゐ（小）（ひ）さしといへともなを（ほ）

四十

［　　］

よく大（墨消）「□」（事）（事）をなすた（答）ふそのちから百ねんのこう（業）（ふ）*にはまさ

［れ］りかるかゆへ（ゑ）に大ろむ（論）にいはくかのしん（心）はときのあひた

□（す）くなしといへともしんりき（心力）みやう（猛）なることひ（火）のこ

としとく（毒）

（の）□ことしちひさしといへともよく大（墨消）「す」事を上す（成）
大六（第）にそ（麁）心*

（の）□めうくわ（妙果）といふは一切す上（衆生）らこと〳〵くみな心あり

□あるものはさためてあのくほたい（阿耨菩提）をなるへし*

[と]（問）ふあるいは（或）ひとたひほとけ（佛）のなをきゝて艹卉（菩提）を

*（な）□るとゝ（説）きあるいは五むす（勤修）ゝることかうへ（頭）の

[ひ]（火）をはらふかことくにすとゝく又*くわゐん五む

[經]の下（偈）にいわく（は）ひと（人）のた（他）のたから（寳）をかそふるに

（この間欠落あり）

四十一

もろ〳〵の行のなかには念佛の行はす（修）しやすくして

これさいせう（しよう）（最勝）の行なりといへり

第九にせけん*のしやうといふはとふほんふ（凡夫）の行人に

きもの

くひものをもちゐるはたか（裸）にうへ（ゑ）（餒）てやそ（安）らかならすは

いつくにかあらむたふ（答）行しや（者）にふたつありさいけ（在家）す（出）

んけ（家）

なりそのさいけ（在家）のひと（人）はいへ（家）のことほしきまゝにして

くひものきものありなんそ念佛をさまたけ（妨）むす（出）

け(家)のもとに又みつ(三)あり上こむ(上根)のものはくさ(草)のさ(座)
し、(鹿)のかは(皮)一のな(菜)一のこのみ(菓)なりせ、むたいし(雪山大士)のこ
とき(如)
なり中こむ(根)のものはつね(常)にこんしき(乞食)しふんさう(糞掃)
え(衣)なり下こむ(根)のものはたんをん(檀越)のせ(施)なりたゝし(但)
すこし□(きのそとくあらはすなはち)

四十二

(この間欠落あるか)

あめ(雨)の山のいたゝきにとゝまらすしてかなす(ら)□
なるところにかへる(歸)かことしもし(若)ひと(人)を(お)こり(憍)の心た
かけ(高)
れはほ(ふ)う(法)のみつ(水)いら(入)すもし(若)よきし(善師)をく京す(恭敬)
れはくとく(功徳)これにかなへり二はとう(同)行のとも(共)に
さかしき(嶮)をわたるかことく(如)にすへしたかひ(互)にあひ
はけめ(勵)かるかゆへ(ゑ)にほけ(法華)經にいわ(は)くせんちしき(善知識)は
これ大のいんねん(因縁)なり又あなん(阿難)のいわ(は)くせんちしき(善知識)
はこれはん(半)のいんねん(因縁)なりほとけ(佛)のいわ(は)*くしからむは
あらすこれせん(全)のいんねん(因縁)*なり三は念佛さう(相應)を(お)
うのけうもん(教文)にを(お)いてつねにすちす(受持)へしはん(般)□*
經にいわ(は)くたとひとほき(遠)はう(方)にこの經ありときかは

12 ゆ（往）いてき（聴）けたとひゆ（往）いてもとむ（求）るにきかされとも

注

注を付けるに際して参考にしたのは『最明寺本往生要集』の漢文本文である。因みに漢文に付された朱点は十一世紀後半頃のもの、墨点は十二世紀後半頃のものとされている。尚ここでは二種の点のうち墨点は「　」を加えて示した。又、ヲコト点は平仮名で記した。

一　8　る―此の下「ゝ」脱か。

二　11　ちて―「〳〵」の上に重書。

三　7　い―衍字か。

五　2　つ―此の下に「ち」脱か。

七　1　たうとひにしこまをも―漢文本文には「不（す「ス」）擇（エラハ）豪（「カウ」）賢（をも「ヲ」）」とある。「たふとくかしこきをも」の誤か。

七　8　たれかこれかれをとふらはん―漢文本文には「誰（か「カ」）訪（トフラハム「トフラハムヤ」）是非（を「ヲ」）」とある。誤読か。

七　10　「り」―「り」の上に「な」と重書し、左傍に消符を加えて右傍に片仮名で「ナ」と記す。

七　12　ゝ―此の上に或いは「ふ」脱か。

八　4　ふ―意志の助動詞「む」の音転「う」か。

八　9　入道―「人道」の誤りであろう。漢文本文には「人道如此」とある。

九　3　を―此の下「は」脱か。

九　8　天上―漢文本文には「天女」とある。

十　6　五つ―漢文本文には「馬頭」とある。「めつ」の誤か。

十　7　を―「を」の右傍に片仮名で「ヲ」と訂正。

十六　7　つ―衍字か。

十六　9　みや―此の下「う」脱か。

十七　3　し―某字の上に重書。

十七　6　□□―此の下漢文本文には「唯諸法本來～應生妙良藥」とある。『假名書き往生要集』は欠失が多く、しかも原漢文の訓読から離れているらしいので、以下二行ほど解読は困難である。

十七　10　□―漢文本文には「會」とある。或いは「ゑ」か。

十八　3　如來の大ひ—漢文本文には「父母於病子」とある。或いは「ち丶は丶の」の誤か。

十九　8　と—此の下「う」脱か。

二十一　6　ん—「ん」の右傍に片仮名で「シニヨテ」と訂正。

二十二　4　上—漢文本文には「像」とある。

二十三　7　は—「わ」の上に重書。

二十三　8　しや—此の下「う」脱か。

二十七　5　の—「の」右傍に「こ」と訂正。

二十七　5　と—「こ」の誤か。

二十八　7　し丶う—「しちやう」の誤か。漢文本文には「師長」とある。

二十八　8　經（きやう）まん—漢文本文には「憍（けう）慢」とある。開合の混同か。或いは「輕（きやう）慢」に相当する語か。「輕慢」の語は、法華経巻第四、旧訳華厳経巻第二十一などに多くの例がある。

二十九　4　う—衍字か。

三十　9　りやく—「りやう」の誤か。漢文本文には「利養」とある。

三十　12　を—衍字か。

三十一　2　た—「ら」の誤か。

三十一　5　人の心にしたかふて—「くせされとも」の次に補入。

三十一　5　ふ—歴史的仮名遣いは「う」。

三十一　7　し丶う—「師長」の誤か。

三十一　10　こ—「か」の誤か。

三十二　9　ね—某字の上に重書。

三十三　4　しむ—「□〳〵」の上に重書。

三十四　1　う—漢文本文にはこの部分、「孝養」とある。

三十四　10　きたらは（む）—原文のまま。「きたらは」を訂正して「きたらむ」としたのであろう。

三十六　1　の—某字の上に重書。

三十六　4　十念のさうゆ—漢文本文には「臨終（の）「ノ」念相」とある。

三十八　1　く—「て」の上に重書。

三十八3　か―衍字。

三十八4　はうてう―漢文本文に「鴆（チム反「チム」）鳥」とある。

三十八4　る―汚点あるか。

三十八7　モトモ―「ふほう」の次に補入。

三十九6　ク―「う」（存疑）の上に重書。

三十九7　く―「う」の誤。

四十　2　こ―「こ」の上に重書。

四十　5　心―某字の上に重書。

四十　7　なるへし―「なすへし」の誤か。

四十　9　（な）□る―「なす」の誤か。

四十　10　くわゑん五む―「くゑ五む」の誤か。

四十一3　せけんのしやう―「そたうのしえん（助道資縁）」の誤か。

四十二8　しからむはあらす―「ら」は衍字で「しかむはあらす（『しかにはあらず』の音便形）」の誤か。

四十二9　ね―此の下に「ん」脱か。

四十二10　一字か二字か不明。或いは「舟」か。漢文本文には「舟」とある。

語彙索引

ア

アイス（愛）［動・サ変］
あいし　6–2
あいする　5–4
アイゼム（愛染）
あいせん　5–7
アイゼン（愛染）→アイゼム（愛染）
アカ（垢）
あか　9–5
アカガネ（銅）
あかゝねを　38–12
アカス（明）［動・サ四］
あかさは　2–3, 8–10
あかす　36–4
あかすと　27–2, 35–1
あかすへし　2–5

アク（悪）
あくを　14–2, 36–11
アク（開）［動・カ下二］→ハサミアク（挟開）［動・カ下二］
アグ（挙）［動・ガ下二］
あけて　9–1
アクゴフ（悪業）
あくこ［う］〈ふ〉の　37–2
あくこうを　34–2
あくこう〈ふ〉お〈を〉もんて　12–7
アクダウ（悪道）
［あくた］うに　22–1
あくたうに　22–13
アクホフ（悪法）
あくほう〈ふ〉を　34–3
アザフ（叉）［動・ハ下二］
あさへて　26–5
アシ（足）→テアシ（手足）

あし　6–11, 37–7
あしのことし　2–10
アシ（悪）［形・シク活］
あしき　29–8
アシユクブツ（阿閦仏）→アスクブツ（阿閦仏）
アスクブツ（阿閦仏）
あすく佛は　23–4
アセ（汗）
あせ　9–5
アソウギコフ（阿僧祇劫）→ハチジフオクアソウギコフ（八十億阿僧祇劫）
アタフ（能）［動・ハ四］
あたはすと　18–9
アヂハヒ（味）
あちはひ　3–4
あちはひに　31–1
あちはひを　15–1

アツシ（熱）［形・ク活］
あつき　2–10，6–7，8–8
あつく　1–10
アツム（集）［動・マ下二］→アツメヲサム（集収）［動・マ下二］
アツメヲサム（集収）［動・マ下二］
あつめをさむる　7–5
あつめをさめむ　7–5
アナン（阿難）
あなんか　23–10
あなんに　19–1
あなんの　42–7
アニ（兄）
あに　13–1
アノクボダイ（阿耨菩提）
あのくほたいを　40–7
アハス（合）［動・サ下二］
あはせて　34–6
アハレビ（憐）
あはれひを　10–4
あは［れひ］を　34–1
アハレブ（憐）［動・バ四］
［あはれ］ひき　9–11
あはれひて　28–3
アビ（阿鼻）
あひを　11–7
アヒキタル（相來）［動・ラ四］
あひきたりて　11–11
アビゴク（阿鼻獄）
あひこくの　16–6
アヒスクフ（相救）［動・ハ四］
あひすくふ　12–9
アヒダ（間）
あゐ〈ひ〉た　3–2
あひた　40–3
あひたに　2–5，4–3，9–9，37–10
あゐたを　36–10
アヒハゲム（相励）［動・マ四］
あひはけめ　42–5
アヒミチビク（相導）［動・カ四］
あひみちひかむと　25–10
アヒムツブ（相睦）［動・バ四］
あひむつふ　13–3
アフ（会）［動・ハ四］
あはむ　34–12
あふ　20–7
あへるをは　8–6
アフグ（仰）［動・ガ下二］
あう〈ふ〉けて　1–5
アヘテ（敢）
あへて　10–8
アマシ（甘）［形・ク活］
あまく　7–11
アマタタビ（数多度）

あまた丶ひ　25-6
アマネシ（普）［形・ク活］
あまねく　19-3, 38-9
アミ（網）
あみを　1-1
あみをもちて　1-3
アミダ（阿弥陀）
あみたの　36-2
アミダキヤウ（阿弥陀経）→ダイアミダ
キヤウ（大阿弥陀経）
アミダブツ（阿弥陀仏）→アミダホトケ
（阿弥陀仏）・ナモアミダブツ（南
謨阿弥陀仏）
アミダホトケ（阿弥陀仏）→ナモアミダ
ブツ（南謨阿弥陀仏）
あみた佛の　27-7, 27-8, 28-3, 28-6,
28-8, 28-11, 29-2, 29-5, 29-8,
30-1, 34-10, 36-6

あみ［た］佛の　28-1
アメ（雨）
あめ　5-1
あめの　42-1
アヤフシ（危）［形・ク活］
あやう〈ふ〉く　7-2
アラソフ（争）［動・ハ四］
あらそふ　3-2
アラハ（顕）
あらはにして　20-2
アラハス（顕）［動・サ四］
あらはす　25-3
アラユル（所有）
あらゆる　7-6
アリ（有）［動・ラ変］→ココロアリ（心
有）［動・ラ変］
てらいたまふのみにあら（す）　18-1
あらす　42-9

あらむ　22-9, 41-5
あらんや　5-6
あり　2-3, 2-4, 2-5, 2-7, 2-8,
4-11, 6-10, 8-10, 11-4, 11-6,
15-6, 24-5, 24-7, 27-9, 30-2,
32-6, 39-3, 41-5, 41-7, 41-8
ありき　19-10, 24-1
ありて　3-2, 13-4, 24-9
ありと　42-11
ある　39-5
□ある　40-7
あるへしと　25-1
あんて　16-4, 22-2, 26-7, 32-2
アルイハ（或）
あるいは　1-2, 1-3, 2-6, 2-6, 2-7,
2-7, 2-8, 6-6, 6-6, 6-7, 16-9,
16-9, 35-4, 35-4, 40-8, 40-9
アルク（歩）［動・カ四］

あるき　35-7
アヲシ（青）［形・ク活］
あをく　4-4

イ

イ［助詞］→アルイハ（或）
イカヤウ（如何様）
いかやうに　36-6
イカンゾ（如何）
いかんそ　7-3, 9-11
イキホヒ（勢）
いきほひに　37-8
イク（生）［動・カ四又はカ上二］
いきたり　3-3
イクバク（幾）
いくはくの　35-10
イケハギ（生剥）
いけはきの　6-8
イコフ（一劫）
いこう〈ふ〉すら　14-6
いこう〈ふ〉の　14-4
イコン（一斤）
いこむの　38-12
イサゴ（沙）
いさこは　39-10
イジャウ（已上）
已上　5-3
イダク（抱）［動・カ四］→ウダク（抱）
［動・カ四］
いたいて　27-11
いたかさる　28-8
いたく　12-4
いたける　28-6
イタス（致）［動・サ四］
いたす　32-4
イタダキ（頂）
いたゝきに　42-1
いたゝきを　23-10
イタヅラニ（徒）
いたつらに　7-7, 14-2, 14-2, 14-8
イタル（至）［動・ラ四］
いたる　37-8
いたるまで　3-7
イタン（一端）
いたんの　37-9
イチ（一）→ダイイチ（第一）・ヒトツ
（一）
イチギ（一義）→ダイイチギ（第一義）
イチゲ（一偈）
一偈もちて　21-5
イチコフ（一劫）→イコフ（一劫）
イチコン（一斤）→イコン（一斤）
イチジ（一時）

一子に　26–10
いちしに　34–9
イチニチ（一日）
一日　4–3，32–10
一日に　37–8
イチニチイチヤ（一日一夜）
一日一夜　33–11，33–11
イチニチイツシユク（一日一宿）→イチニチインスク（一日一宿）
イチニチインスク（一日一宿）
一日いんすくが　29–1
イチネム（一念）
一ねむと　36–10
一年の　16–6
一念の　37–1
イチネン（一念）→イチネム（一念）
イチヤ（一夜）→イチニチイチヤ（一日一夜）
一夜を　3–4
イヅ（出）［動・ダ下二］→ナガレイヅ（流出）［動・ダ下二］・マジハリイヅ（交出）［動・ダ下二］
いつ　9–6
いつる　1–2
いてたまふ　19–10
［い］てむ　8–1
いてむと　13–10
イヅク（何処）
いつくにか　41–5
イツクシ（厳）［形・シク活］
いつくしく　20–2
イツコフ（一劫）→イコフ（一劫）
イツコン（一斤）→イコン（一斤）
イツサイ（一切）→ハチマンジフニイツサイシヤウボフ（八万十二一切正法）
一切の　30–7，35–8
一切を　28–3
イツサイシヤウボフ（一切正法）→ハチマンジフニイツサイシヤウボフ（八万十二一切正法）
イツサイスジヤウ（一切衆生）
［一切す上］□　28–1
イツサイスジヤウラ（一切衆生等）
一切す上ら　40–6
イツサイチ（一切智）
一さいちの　30–10
イツシヤウ（一生）→インサウ（一生）
イツシヤク（一尺）
一尺　2–6
イツシユク（一宿）→イチニチインスク（一日一宿）
イツシヨ（一処）→インソ（一処）
イツタン（一端）→イタン（一端）

イツツ（五）
五には　39-3
いつゝの　15-6, 38-6
いつゝは　9-6
五は　28-6, 30-8, 38-2
イツハル（偽）［動・ラ四］
（い）つはり　8-3
イトナミ（営）
いとなみを　35-9
イトヒ（厭）
いとひを　15-3
イトヒハナル（厭離）［動・ラ下二］
いとひはなるへし　8-9
イトフ（厭）［動・ハ四］→イトヒハナル（厭離）［動・ラ下二］
ゝ（い）とふへし　11-9
イトマ（暇）
いとま　2-1

イナ（否）
［い］な［や］　25-11
イヌ（狗）
いぬ　4-6
いぬよりは　4-9
イヌ（往）［動・ナ変］
いぬれは　7-6
イノチ（命）
いのち　9-3, 12-9, 24-9, 26-7, 34-4, 34-8
いのちを　10-5, 28-3, 39-5
イハク（曰）
いはく　1-5, 1-6, 5-6, 5-11, 6-10, 7-1, 9-10, 11-1, 12-3, 12-7, 13-5, 14-4, 27-6, 27-9, 31-6, 38-7, 40-3
いわ〈は〉く　19-7, 19-8, 22-2, 25-9, 26-3, 32-1, 40-11, 42-6, 42-7, 42-8, 42-11

イハムヤ（況）
いはむや　6-1
いはんや　4-2, 14-7, 18-3, 37-4
イハユル（所謂）
いはゆる　6-10
イハンヤ（況）→イハムヤ（況）
イヒ（飯）
いゐ〈ひ〉を　5-9
イフ（言）［動・ハ四］→イハク（曰）
いはす　29-8
いひしかは　26-10
いふ　13-1, 21-1, 25-1, 26-9, 36-5, 36-8
いふと　18-9
いふとも　15-1
いふは　6-3, 11-9, 27-2, 32-2, 32-11, 33-3, 33-6, 33-10,

34-2, 34-7, 35-1, 36-6, 40-6, 41-3
いふを　8-4
いへり　41-2
イヘ(家)
いへの　41-6
イヘドモ(雖)
いへとも　3-9, 9-2, 10-8, 11-5, 16-1, 16-3, 22-4, 35-6, 39-1, 39-10, 40-4, 40-5
イマ(今)
いま　2-5, 14-9, 22-4, 38-7
いまは　1-6, 1-7
イマダ(未)
いまた　5-6, 7-6
イムグワ(因果)
いんかを　33-1
いんくわを　31-11, 33-3
イムネン(因縁)
いんね(ママ)なり　42-9
いんねん□　35-10
いんねんなり　42-7, 42-8
イヤシ(賤)[形・シク活]
いやしき　37-11
イラン(伊蘭)
いらんの　38-9
イル(入)[動・ラ四]
いらす　42-3
いりて　22-4, 22-6
いりぬ　16-4
いれ[とも]　39-9
イル(入)[動・ラ下二]
いるれは　38-4
いれたるかこと□　3-11
いれたる□　15-10
イロ(色)
いろ　4-4, 5-2
インエン(因縁)→イムネン(因縁)
イングワ(因果)→イムグワ(因果)
インサウ(一生)
いんさうの　37-4
インソ(一処)
いんそを　8-12
インネン(因縁)→イムネン(因縁)

ウ

ウ(得)[動・ア下二]
う　31-5, 36-5, 39-4, 39-5, 39-6
うへきに　37-1
うる　14-11
えかたし　10-2
えしめす　1-2
えたり　20-11

えたるなり　21-6
えて　20-7
えてき　20-9
えてむ　26-3
えをはりて　20-9
えお〈を〉はりて　23-3
えんや　8-7
ウ［助動詞］→ム［助動詞］
きらふ(う)と　8-4
ウウ(飢)［動・ワ下二］
うへ〈ゑ〉て　41-4
ウガツ(穿)［動・タ四］
うかちて　25-2
ウク(受)［動・カ下二］→ウケトル(受取)［動・ラ四］
うく　2-12, 6-4, 6-8, 14-2
うくと　16-1
うくるに　12-12

うけ　33-10
うけたる　14-4
うけむ　28-5
うけむする　24-9
ウケトル(受取)［動・ラ四］
うけとる　6-6
ウゴカス(動)［動・サ四］
(うこ)かして　18-4
うこかす　25-7
ウゴク(動)［動・カ四］
ウシ(牛)
うし　39-3
うしの　6-8
ウシナフ(失)
うしなふに　8-2
ウジヤウ(有情)
う上を　1-2, 1-5
ウダク(抱)［動・カ四］

うたきて　6-2
ウチ(内)
うちに　16-5, 29-1, 29-4
うちには　3-10
うちの　4-1, 26-9
ウツ(打)［動・タ四］→ムチウツ(鞭打)［動・タ四］
ウツクシ(美)［形・シク活］
うつくしき　3-9
ウバフ(奪)［動・ハ四］→バフ(奪)［動・ハ四］
うはへり　24-8
ウヘ(上)→ザウ(像)
上　11-4
うへに　1-4
うへの　9-4
ウミ(海)
うみに　10-7

う（み）に　18–5
ウミシル（膿汁）
うみしる　4–5
ウヤマフ（敬）［動・ハ四］
うやまゐ〈ひ〉て　28–8
ウレヘ（憂）
うれへを　12–4
ウヱ（飢）
うへ〈ゑ〉の　1–7
ウヲ（魚）
うを　38–4

エ

エダフシ（枝節）
えたふし　4–10
エフク（衣服）
えふくをもんて□　27–11
エムマワウカイ（閻魔王界）
えむまわうかいなり　2–4
エムラ（閻羅）
えん［ら］　13–4
エラブ（選）［動・バ四］
えらはす　7–2
エン（縁）
えむ〈ん〉　36–2
えんなり　36–3
エンマワウカイ（閻魔王界）→エムマワウカイ（閻魔王界）
エンラ（閻羅）→エムラ（閻羅）

オ

オイ（老）
を〈お〉ひ〈い〉に　3–7
オイテ（於）→オキテ（於）
す上にを〈お〉いて　30–2, 30–4, 30–12
ほう〈ふ〉にをいて　30–7
大〈第〉いちきにをいて　32–12
けうもんにをいて　42–10
オウゴス（擁護）［動・サ変］
おうこしたまふらむ　18–8
オキテ（於）→オイテ（於）
なかにを〈お〉きて　12–10, 16–8
よくにおきて　15–3
おもてにおきて　20–10
しやかやくにをきて　39–5
オキフシ（起臥）→タチヰオキフシ（立居起臥）
オク（置）［動・サ四］→オイテ（於）・オキテ（於）
おきて　1–4
オクネムス（憶念）［動・サ変］
をく念して　36–7

オコス（起）［動・サ四］→ヲカス（犯）
［動・サ四］
ヽ〈を〉〈お〉こさす　29-10
［お］こし　17-3
ヽ〈を〉〈お〉こし（つ）れは　37-1
ヽ〈を〉こして　21-11, 30-5, 30-6,
30-12, 31-2, 31-11, 32-3
を〈お〉こして　30-10
おこす　33-5
オコタル（怠）［動・ラ四］
を〈お〉こたらすして　26-7
オコナフ（行）［動・ハ四］→ツトメオコ
ナフ（勤行）［動・ハ四］
オゴリ（驕）
を〈お〉こりの　42-2
オコル（起）［動・ラ四］
おこる　8-8
オソル（恐）［動・ラ下二］→オヂオソル
（怖恐）［動・ラ下二］
おそるゝ　8-7, 25-9
おそれさる　8-7
おそれて　7-10
オヂオソル（怖恐）［動・ラ下二］
おちおそるゝかことし　8-5
オツ（落）［動・タ上二］
おちす　22-13
おちぬ　16-2
おちぬへかりき　22-1
おつるかことし　37-2
おつるに　6-5
おつれとも　25-4
オヅ（怖）［動・ダ上二］→オヂオソル
（怖恐）［動・ラ下二］
おつる　25-9
オトウト（弟）
おとうと　13-1
オトス（落）［動・サ四］
おとす　10-7
オナジ（同）［形・シク活］
おなしき　6-10
おなしく　24-10
オニ（鬼）
鬼　2-8
オノオノ（各々）
おの〳〵　20-11, 21-6, 21-7, 23-9,
27-4
を〈お〉の〳〵　4-11
オノヅカラ（自）
おのつから　13-8
オビユ（怯）［動・ヤ下二］
を〈お〉ひえて　25-3
オホキ（大）
おほきなる　1-4, 3-1, 22-10
おほきに　7-10

を〈お〉(ほ)きに　8-4
おほきにして　2-9
オホシ(多)[形・ク活]
おほく　34-3
[おほく](し)[て]　22-1
おほし　2-5, 6-9
オボユ(思)[動・ヤ下二]
おほゆる　1-7
オホヨス(凡)
おほよす　35-7
オホヨソ(凡)→オホヨス(凡)
オムガク(音楽)
を〈お〉んかくは　10-2
オムジヤウ(音声)
を〈お〉んしやうを　26-9
オモシ(重)[形・ク活]
おもく　37-10
おもし　18-4
オモテ(面)
おもて　2-9
おもてにおきて　20-10
オモヒ(思)
思ひ　36-7
思ひを　17-12, 27-10
オモフ(思)[動・ハ四]
思はゝ　31-6, 32-3
思ひて　27-7
思　25-10
思と　22-4
思に　24-2
思へ　13-10
思へとも　12-8
思へは　19-9
オヨビ(及)[接続詞]
およひ　12-11
を〈お〉よひ　1-1, 19-3, 34-7
オヨブ(及)[動・バ四]
およはし　16-7
およはす　11-3
オン(音)→オム
オンガク(音楽)→オムガク(音楽)
オンジキ(飲食)
を〈お〉んしき　27-11
オンジヤウ(音声)→オムジヤウ(音声)

カ

カ（彼）→カノ（彼）
カ（香）
　かを　5-10
カ（日）→ナヌカ（七日）・フツカ（二日）
カ［係助詞］
　ところかする　1-6
　たれか　7-8, 12-12
　ことか　22-9
　いつくにか　41-5
ガ［格助詞］→カルガユヱニ（斯故）・ワ
　ガ（我）
七日か　3-2
そむせんか　15-1
ひとゐ〈ひ〉か　16-5
なんちか　22-3
あなんか　23-10
一日いんすくか　29-1
いれたるかこと□　3-11
とくかことき　6-4
ふるゝかことき　6-9
［は］らふか（ことく）［して］　7-12
くつるゝかことくして　22-11
はらふかことくに　40-10
わたるかことくに　42-5
とくかことし　2-1
くさきかことし　3-6
つくかことし　5-10
おちおそるゝかことし　8-5
ふむかことし　8-8
とらへられたるかことし　12-5
おつるかことし　37-2
ゝ〈み〉つかことし　37-11
たゆるか（ママ）かことし　38-4
かへるかことし　42-2
カイ（戒）→グソクカイ（具足戒）・ゴカイ（五戒）・サイカイ（斎戒）・ジヤウカイ（浄戒）・シヤミカイ（沙弥戒）・ハンカイ（八戒）・ハンサイカイ（八斎戒）
かいを　27-6, 28-5, 31-10, 33-7
カイ（界）→エムマワウカイ（閻魔王界）・クカイ（苦界・苦海）・サムカイ（三界）・シキカイ（色界）・ニカイ（二界）・ヨカイ（欲界）
ガイ（害）
かいの　30-5
カイギヤウ（戒行）
かい行を　32-7
カウバシ（香）［形・シク活］
かうはし　38-9
カウベ（頭）

かうへ　25-4, 25-6
か[うへの]　7-12
かうへの　9-4, 40-9
かうへを　25-4, 25-8
カカル（懸）［動・ラ四］
か丶れり　10-4
カキカベ（墻壁）
かきかへに　6-8
ガキダウ（餓鬼道）→ガクヰダウ（餓鬼道）
カク（欠）［動・カ下二］
かくる　33-12
かけ　4-5
カク（懸）［動・カ下二］→カケシバル（懸縛）［動・ラ四］
カク（斯）
かく　12-4
かくのことき　11-10, 14-10
かくのこときの　11-5, 29-8, 34-8
かくのことし　5-5, 8-9
カグ（嗅）［動・ガ四］
かきつれは　5-10
ガクス（学）［動・サ変］
かくしき　21-9
ガクヰダウ（餓鬼道）
か鬼たうを　2-3
カケシバル（懸縛）［動・ラ四］
かけしはり　16-9
カサヌ（重）［動・ナ下二］
かさねて　26-3
カザル（飾）［動・ラ四］
かさりつれは　39-9
カス［接尾語］→ノガラカス（逃）［動・サ四］
カゼ（風）
かせ　4-11
かせに　6-7
かせよりも　7-9
カゼホ（風帆）
かせほの　37-8
カゾフ（数）［動・ハ下二］
かそふるに　40-11
カタ（方）→コノカタ（此方）
カタシ（固・堅）［形・ク活］
かたからす　7-2
かたしと　39-1
カタシ（難）［形・ク活］
かたし　14-11
ガタシ（難）［接尾語］
えかたし　10-2
のへかたし　8-12
カタチ（形）
（かた）［ち］を　4-1
カタナ（刀）

かたなを　38-3
カタブク（傾）［動・カ下二］
かたふけて　3-8
カタル（語）［動・ラ四］
かたりて　22-2
カツラ（鬘）→ハナカツラ（花鬘）
カド（門）
かとに　26-8
カナ［終助詞］
かなしきかなや　10-3
カナシ（悲）［形・シク活］
かなしきかなや　10-3
カナシビ（悲）
かなしびを　3-1
カナシビナク（悲泣）［動・カ四］
かなしひなきて　9-10
カナシビナゲク（悲嘆）［動・カ四］
かなしひなけきて　24-5
カナハシ（鉗）
かなはしを　1-9
カナフ（叶）［動・ハ四］
かなへり　42-4
カナヘ（鼎・鑊）
かなへの　2-8, 2-10
カナラズ（必）
かならす　32-5
［かな］（ら）［す］　42-1
カナラズシモ（必）
かならすしも　27-3, 31-4, 32-11
カノ（彼）
かの　1-2, 1-5, 1-8, 9-1, 10-6, 13-5, 31-6, 32-2, 32-5, 32-9, 34-11, 40-3,
カハ（皮）
かは　4-5, 16-10, 41-9
カハル（変）［動・ラ四］
かはる　13-8
カフザス（跏趺坐）［動・サ変］→ケンカフザス（結跏趺坐）［動・サ変］
かふさせり　19-7
カベ（壁）→カキカベ（墻壁）
かへを　25-2
カヘリテ（却）
かへりて　16-1
カヘル（帰）［動・ラ四］
かへりにき　21-7
かへるかことし　42-2
ガマン（我慢）
かまんの　30-12
カムロ（甘露）
か［むろは］　10-1
カメ（瓶）
かめに　3-11
カルガユヱニ（斯故）

かるかゆへ〈ゑ〉に　5-6, 12-3, 40-3, 42-6
カレ（彼）→コレカレ（此彼）
カン（甘）→カム
カンロ（甘露）→カムロ（甘露）

キ

キ（牙）→キバ（牙）
　きを　8-2
キ（鬼）→クヰ
キ（帰）→クヰ
キ（愧）→クヰ
キ［助動詞］
　［あはれ］ひき　9-11
　ありき　19-10
　さんたんしたてまつりき　20-3
　えてき　20-9
　すきしたまひき　20-10
　かへりにき　21-8
　かくしき　21-9
　な［ら］ひき　21-11
　おちぬへかりき　22-1
　三化しき　22-12
　みたてまつりき　23-1
　すちしき　23-2
　さつけたまひき　23-4
　ありき　24-1
　たう〈ふ〉とひにし　7-1
　つとめを〈お〉こなはさりし　14-8
　讃歎せん（シニヨテ）　21-6
　いひしかは　26-10
ギ（義）
　きを　28-11
キク（聞）［動・カ四］
　きかされとも　42-12
　きかは　42-11
　きゝ　34-5
　きゝ□　34-12
　きゝて　8-4, 26-10, 28-11, 40-8
　きく　10-2
　きくに　38-11
　きけ　42-12
　きけは　39-7
キタナシ（穢）［形・ク活］
　きたなき　3-10
キタル（来）［動・ラ四］
　きたらは（む）　34-10
　きたりて　13-3, 18-2, 19-7
　きたれり　13-7
キツネ（狐）
　きつね　4-6
　きつねの　8-2
キバ（牙）→キ（牙）

きは　16-10
キハマリナシ（極無）［形・ク活］
きわ〈は〉まりなし　14-3
きわ〈は〉まりなしと　9-2
キハメテ（極）
きわ〈は〉めて　1-10
キベツ（記別）
きへんを　23-3
キモノ（着物）
きもの　41-3, 41-7
キヤウ（経）→クワンキヤウ（観経）・クヱゴムキヤウ（華厳経）・ジフニブキヤウ（十二部経）・ジフワウジヤウキヤウ（十往生経）・シヤウボフネムキヤウ（正法念経）・ダイアミダキヤウ（大阿弥陀経）・ダイシフキヤウ（大集経）・ハンシユキヤウ（般舟経）・ホウシヤクキヤウ（宝積経）・ホクヱキヤウ（法華経）・ロクハラミンキヤウ（六波羅蜜経）
經　42-11
經に　6-10
經の　14-3
ギヤウ（行）
行なりと　41-2
行の　41-1
行は　41-1
行を　30-3, 30-3, 35-10
ギヤウシヤ（行者）
行さを　18-2
［行］さを　31-12
行しやに　41-5
ギヤウズ（行）［動・サ変］
［行］するなり　34-1
キヤウテン（経典）→ダイジヨウハウトウキヤウテン（大乗方等経典）・ハウトウキヤウテン（方等経典）
ギヤウニン（行人）
行人に　41-3
キヤウロン（経論）
［經ろん］に　2-1
經ろんに　27-4
キヨシ（清）［形・ク活］
きよからす　5-4
きよく　20-8
キヨム（清）［動・マ下二］
きよむへからす　3-8
キル（切）［動・ラ四］
きらふ〈う〉と　8-4
きる　25-4, 25-5
きれは　38-3

ク

ク（九）→ココノツ（九）・ダイク（第九）
ク（苦）
　く　6-10, 11--3, 11-4, 11-6, 16-8
　くなり　11-10
　くに　10-4, 16-2, 16-6
　くの　1-8, 6-3
　くは　10-9
　くよりも　10-10
　くを　12-12, 13-1, 14-2, 24-6
ク［接尾語］→イハク（曰）・ツゲタマハ
　ク（告給）・ナサク（為）・ネガハク
　ハ（願）・ノタマハク（曰）
クカイ（苦界・苦海）
　くかい　11-9
クギヤウス（恭敬）［動・サ変］
　く京し　28-10
　く京すれは　42-3
クサ（草）
　くさ　39-3
　くさの　41-8
　くさのことし　9-9
クサコケ（草苔）
　くさこけの　24-3
クサシ（臭）［形・ク活］
　くさき　5-9
　くさきかことし　3-6
クサリタダル（腐爛）［動・ラ下二］
　くさりたゝれて　4-5
クサル（腐）［動・ラ四］→クサリタダル
　（腐爛）［動・ラ下二］
クジヤク（孔雀）
　くしやく　39-6
グス（具）［動・サ変］
　くする　32-5, 32-9
　くするなり　32-7
　くせされとも　31-5
　くせりと　16-3
クソ（糞）
　くそ　3-5
　くそを　3-11, 5-8
グソクカイ（具足戒）
　ぐそくかいを　33-11, 34-7
グソクス（具足）［動・サ変］
　くそくして　31-10
クダク（砕）［動・カ下二］
　くたけて　5-2
クチ（口）
　くち　6-1
　くちを　1-9
クチヤブル（朽破）［動・ラ下二］
　くちやふれすは　14-5

クツ（朽）［動・タ上二］→クチヤブル
（朽破）［動・ラ下二］・ヤブレクツ
（破朽）［動・タ上二］
クヅル（崩）［動・ラ下二］
くつるゝかことくして　22–11
クドク（功徳）
くとく　42–4
くとくを　32–9
くとく□　33–12
くとくをもんて　33–1，33–5
クナウ（苦悩）→ダイクナウ（大苦悩）
くなう　6–9
くなうを　6–4
クニ（国）
くにゝ　20–5，24–7，27–7，27–8，
28–2，28–4，28–6，28–9，28–11，
29–3，29–5，29–9，30–1，31–6，
32–2，32–5，32–9
くにを　24–8，25–11
グニン（愚人）
ぐ人は　12–5，34–8
クハシ（詳）［形・シク活］
くはしく　8–12
クハフ（加）［動・ハ下二］
くはふる　13–6
くはへて　38–7
クビ（首）
くひを　8–4
クヒモノ（食物）
くひもの　41–7
くひものを　41–4
クフ（食）［動・ハ四］
くうつれは　39–4
くひ　5–9
くふと　15–1
くへとも　3–4
クユ（悔）［動・ヤ上二］
くゆ　25–9
クラシ（暗）［形・ク活］
くらき　16–4
くらくして　7–7
クラフ（食）［動・ハ四］
くらひお〈を〉はりぬれは　4–7
くらふ　4–7
クルマ（車）
くるま　12–11
クロガネ（鉄）
くろかねの　1–4，1–9
くろかね（の）　1–10
クワウオムテン（光音天）
くわうを〈お〉ん殿のことし　12–6
クワウオンテン（光音天）→クワウオム
テン（光音天）
クワウシユトクブツ（広衆徳仏）

廣衆徳佛　21-4
クワウニヨライ（空王如来）
くわう如來は　22-2
クワウブツ（空王仏）
九わう佛の　21-8
クワウミヤウ（光明）
くわうみやうの　22-8
くわうみやうを　16-2
クワコ（過去）
過去に　21-5
くわこの　19-9
クワンギ（歓喜）
かんきを　27-11
クワンギコク（歓喜国）
かんきこくの　23-5
クワンキヤウ（観経）
くわん經に　31-5
グワングス（願求）〔動・サ変〕
月くするなり　33-9
クワンズ（観）〔動・サ変〕
観し　21-5, 35-4
くわんして　15-8, 31-3
観して　27-10
観するなり　35-2, 35-7
観するに　24-5
観せん　19-1, 19-5
グワンズ（願）〔動・サ変〕
月するなり　33-3
クヱゴムキヤウ（華厳経）
くわゑ（ママ）ん五む（ママ）〔經〕の　40-10
クヱシヤウス（化生）〔動・サ変〕
化しやうせり　20-6
クヱツヂヤウ（決定）
化丁の　30-8
クヱトクブツ（花徳仏）
花徳佛　21-3
クヱンゾク（眷属）
源ぞく　9-8
けんぞく　13-2

ケ

ケ（毛）
け　16-10
ケ（化）→クヱ
ケ（花）→クヱ
ケ（悔）→クヱ
ケ（華）→クヱ
ゲ（偈）→イチゲ（一偈）
下〈偈〉に　11-1, 12-3, 13-10, 14-3, 40-11
下を　20-3
ケウマン（驕慢）
けうまんを　15-2

經まんの　28-8
ケウモン（教文）
けうもんにを〈お〉いて　42-10
ケウヤウス（孝養）［動・サ変］
けうやうし　28-7, 31-7
（けうや）うし　33-13
ケガル（汚）［動・ラ下二］
けかる　9-5
ゲコン（下根）
下こむの　41-11
ケゴンキヤウ（華厳経）→クヱゴムキヤウ（華厳経）
ゲシヤウ（下生）→ゲホムゲシヤウ（下品下生）・ジャウボムゲシヤウ（上品下生）
ケシヤウス（化生）［動・サ変］→クヱシヤウス（化生）［動・サ変］
ケダモノ（獣）
けたもの　4-6, 4-7, 24-3
ケツ（決）→クヱツ
ケツカフザス（結跏趺坐）［動・サ変］→ケンカフザス（結跏趺坐）［動・サ変］
ケツヂヤウ（決定）→クヱツヂヤウ（決定）
ケトクブツ（花徳仏）→クヱトクブツ（花徳仏）
ゲハウ（下方）
下方　21-4
ケフ（今日）
けふ　13-7
ゲホムゲシヤウ（下品下生）
下品けさうの　36-4
ゲホムジヤウシヤウ（下品上生）
下品上しやうと　34-1
ゲホムチウジヤウ（下品中生）
下品中しやうと　34-7
ゲホン（下品）→ゲホム（下品）
ケン（眷）→クヱン
ケンカフザス（結跏趺坐）［動・サ変］→カフザス（跏趺坐）［動・サ変］
けんかふさして　20-5
ゲンズ（現）［動・サ変］
けんす　9-3
けんする　9-7
ゲンゼン（現前）
けんせんに　23-3
ケンゾク（眷属）→クヱンゾク（眷属）

コ

コ（此）→コノ（此）
ゴ（五）→イツツ（五）・ダイゴ（第五）
ゴウガ（恒河）

こうかに　15-10
ゴカイ（五戒）
五かい　33-6, 34-7
コガネ（金）
こかねと　39-1
ゴギヤク（五逆）
五きやくを　33-8
コク（虚空）
こくに　38-1
コク（国）→クワンギコク（歓喜国）・ゴクラクコク（極楽国）・ホンゴク（本国）・メウキコク（妙喜国）・レグヱシヤウゴムコク（蓮華荘厳国）
ゴク（獄）→アビゴク（阿鼻獄）
五くの　12-4
コクウ（虚空）→コク（虚空）
コクゴフ（黒業）
[こ]くこう〈ふ〉のみ　13-4
ゴクソチ（獄卒）
こくそち　1-8
ゴクラク（極楽）→ワウジヤウゴクラク（往生極楽）
こくらくに　33-5
こくらくを　27-2
ゴクラクコク（極楽国）
こくらくこくに　33-2
こくらくこくの　23-7
こけ（苔）→クサコケ（草苔）
ココノツ（九）
九には　39-8
九は　29-6, 31-1
ココロ（心）
心　7-10, 8-4, 8-8, 18-4, 32-4, 34-4, 42-2
心に　11-2, 25-7, 27-4, 28-5, 31-5
心の　31-4
こゝろ（を）　17-8
心を　17-12, 26-6, 27-6, 28-8, 29-10, 30-5, 30-6, 30-8, 30-9, 30-10, 30-12, 30-12, 31-2, 32-3, 32-3, 32-5, 33-4, 36-8
心をもんて　37-5
ココロアリ（心有）[動・ラ変]
心あらん　5-5
心あり　40-6
ゴスイ（五衰）
五すいの　9-3
ゴセ（後世）
こせの　12-2
ゴタイ（五体）
五たいを　22-11
コタフ（答）[動・ハ下二]→タフ（答）[動・ハ下二]

こたへて　1–6, 25–11
ゴツ（牛頭）
五つの　10–6
コツジキス（乞食）［動・サ変］→コンジキス（乞食）［動・サ変］
コツネンニ（忽然）→コンネンニ（忽然）
コト（事）
こと　1–7, 4–9, 5–5, 7–3, 10–7, 11–5, 12–4, 13–6, 13–9, 14–11, 15–2, 15–9, 17–2, 18–9; 19–6, 19–10, 22–5, 25–5, 25–9, 25–10, 26–4, 26–6, 30–11, 32–10, 33–12, 36–8, 38–1, 39–5, 40–4, 40–9, 41–6
［ゝ］と　10–1
事　9–9
ことか　22–9
こと［を］　8–1
ことを　3–10, 8–3, 8–7, 10–3, 15–9, 20–7, 20–11, 21–6, 25–1, 25–8, 26–2, 31–5, 36–5
事を　1–2
ことをは　8–7
コト（異）
ことなる　19–6, 22–5, 22–9
コト（琴）
ことの　38–10
コトゴトク（悉）
こと〳〵く　11–4, 20–4, 27–8, 30–1, 40–6
こと〳〵くに　38–5, 38–11
ゴトシ［助動詞］
【ガに接続】
いれたるかこと□　3–11
とくかことき　6–4
ふるゝかことき　6–9
くつるゝかことくして　22–11
はらふかことくに　40–10
わたるかことくに　42–5
とくかことし　2–1
くさきかことし　3–6
つくかことし　5–10
おちおそるゝかことし　8–5
ふむかことし　8–8
とらへられたるかことし　12–5
おつるかことし　37–2
ゝ（み）つかことし　37–11
たゆるか（ママ）かことし　38–4
かへるかことし　42–2
【ノに接続】
かくのことき　11–10, 14–10
せゝむたいしのこときなり　41–9
かくのこときの　11–5, 29–8, 34–8
たうり天のこときは　9–2

ひらせんのことくならむ　14-6
こほりのことくに　39-2
千ゆせんなのことし　2-7
せゝむのことし　2-8
あしのことし　2-10
かくのことし　5-5, 8-9
くさのことし　9-9
くわうを〈お〉ん殿のことし　12-6
もとのことし　25-5
まほろしのことし　35-7
ひのことし　40--4
さきの(こ)とし　37-7
ゆめのことしと　35-7
【ゴトシの上接語は不明】
□ことし　6-1
とく(の)ことし　40-5
コトバ(言葉)
ことはを　10-8, 19-2, 22-10, 29-8
コノ(此)→コノカタ(此方)
この　2-12, 3-6, 5-4, 5-6, 5-11, 6-3, 9-7, 10-3, 10-4, 10-7, 10-9, 11-4, 15-4, 19-5, 22-7, 22-10, 24-8, 26-4, 31-4, 32-4, 32-9, 33-1, 33-5, 33-9, 33-12, 34-12, 36-9, 42-11
［この］　8-1
コノカタ(此方)
このかた　36-11
コノミ(木実)
このみなり　41-9
コハシ(強)［形・ク活］
こはし　5-7
ゴヒヤクユズン(五百由旬)
五百由旬に　2-4
コフ(劫)→アソウギコフ(阿僧祇劫)・イコフ(一劫)・ムラウコフ(無量劫)
こう〈ふ〉を　14-9
ゴフ(業)
こう〈ふ〉　21-11
と(ママ)う〈ふ〉と　27-5
こうには　40-2
こうを　31-9
ゴフホウ(業報)
こう〈ふ〉(ほ)う　13-7
コホリ(氷)
こほりのことくに　39-2
コマ(駒)
こまをも　7-1
コマウ(虚妄)
こまうなるすら　37-3
コムガウ(金剛)
こむかう　39-1
ゴメウ(五妙)

五めうの　10-2
ゴヤ（後夜）
　こやには　15-8
ゴヨク（五欲）
　五よくに　12-2
　五よくの　11-4
コレ（此）
　これ　3-7, 41-2, 42-7, 42-8, 42-9
　これと　22-8
　これなり　21-1, 23-5, 23-6, 23-7, 23-9
　これに　26-3, 42-4
　これより　20-6, 22-12
　これを　5-7, 9-8, 25-5, 38-2, 38-3, 39-2, 39-4
コレカレ（此彼）
　これかれを　7-8
コロス（殺）［動・サ四］
　ころさす　28-3, 31-8, 32-6
　ころして　24-8, 25-11
　ころせ［る］　2-12
コロモ（衣）
　ころもに　6-6
コヱ（声）
　こへ〈ゑ〉　22-2, 38-10
　こへに　22-6
　こゑを　39-7
コン（斤）→イコン（一斤）・センコン（千斤）
コン（金）→コム
ゴン（厳）→ゴム
コンガウ（金剛）→コムガウ（金剛）
コンジキス（乞食）［動・サ変］
　こんしきし　41-10
ゴンシユス（勤修）［動・サ変］→ゴンスス（勤修）［動・サ変］
ゴンスス（勤修）［動・サ変］
　五むすゝる　40-9
コンネンニ（忽然）
　こんねむに　20-6

サ

サ[接尾語]→ナガサ(長)
ザ(座)
　さ　41-8
サイ(犀)
　さいの　38-5
サイ(歳)→ヒヤクサイ(百歳)
サイカイ(斎戒)→ハンサイカイ(八斎戒)
　さいかいを　15-5
サイギル(遮)[動・ラ四]
　さいきりて　1-2
ザイケ(在家)
　さいけ　41-5
　さいけの　41-6
サイシ(妻子)
　さいし　12-9, 12-11
　さいしを　12-8
サイシヨウ(最勝)
　さいせう〈しよう〉の　41-2
ザイセ(在世)
　さいせと　22-5
　さいせの　22-8
サイナムハウ(西南方)
　西南方　21-2
サイニチ(斎日)
　さいにちの　29-4
サイハウ(西方)
　西方　21-2
　さい方の　23-6
サイホクハウ(西北方)
　西北方　21-3
サウ(相)
　さう　2-5, 8-11, 9-3, 9-7
　さうと　6-3
　さうを　3-9, 5-6, 5-11, 35-1, 36-7
サウ(想)
　さうを　31-4
ザウ(像)
　さうの　20-2
　像を　21-5
　上(ママ)を　22-4
サウオウ(相応)→ネブンサウオウ(念仏相応)
サウガウ(相好)
　さうかうを　35-4
サウトクブツ(相徳仏)
　相徳佛　21-3
サウボフ(正法)→シヤウボフ(正法)
　さうほうを　21-10
サウユ(存疑)

さうゆを　36–4
サガシ（嶮）［形・シク活］
さかしきを　42–5
サカル（離）→トホザカル（遠離）［動・ラ四］
サキ（先）
さきの（こ）とし　37–6
サク（裂）［動・カ四］→トリサク（取裂）［動・カ四］
ササグ（捧）［動・ガ下二］
さゝけ　6–6
サス（刺）［動・サ四］
さゝむに　16–6
ザゼンニフヂヤウス（坐禅入定）［動・サ変］
させんにう丈して　35–2
サダメテ（定）
さためて　40–7
サヅク（授）［動・カ下二］
さつけたまひき　23–3
サトル（悟）［動・ラ四］
さとナは　7–10
さとらす　4–2
さとる　25–1, 28–11
サマタグ（妨）［動・ガ下二］
さまたけす　35–9
さまたけむ　41–7
サム（三）→ダイサム（第三）・ミツ（三）
サム（冷）［動・マ下二］
さめぬ　26–11
サムカイ（三界）
三かい　11–10
サムクヰ（三帰）
三鬼を　31–9
ザムクヰ（慚愧）
さむ鬼の　34–4
サムグヱス（懺悔）［動・サ変］
三化しき　22–12
サムジユ（三種）
三十（ママ）の　32–3, 32–6
サムジヨウギヤウブツ（三乗行仏）
三乗行佛　21–4
サムゼ（三世）
三せ　17–7
サムヅ（三途）
三つの　12–10
サムビヤク（三百）
三百の　16–5
サムマイ（三昧）→ネブンサムマイ（念仏三昧）
三枚〈昧〉を　20–9, 23–2
サラス（曝）［動・サ四］
さらし　5–1
サル（去）［動・ラ四］→トビサル（飛去）

［動・ラ四］
サン（三）↓サム・ミツ（三）・ダイサム
　（第三）
サン（懺）↓サム
ザン（慚）↓ザム
サンダンス（讃歎）［動・サ変］
　さんたんしたてまつりき　20-3
　讃歎せん（シニヨテ）　21-6
サンマイ（三昧）↓サムマイ（三昧）
サンラン（散乱）
　さつたん（ママ）の　31-2

シ

シ（四）↓ダイシ（第四）・ヨツ（四）
シ（死）↓シヤウシ（生死）
シ（師）
　しを　42-3
シ［副助詞］↓シモ［副助詞］・ナホシ
　（猶）
ジ（字）
　自〈字〉を　36-9
ジ［助動詞］
　およはし　16-7
シカ（然）
　しかなり　3-6
　ゝ（し）かなり　14-7
シカウシテ（而）
　しかうして　15-5
シカリ（然）［動・ラ変］
　しからむは　42-8
　しかるへし　14-10
シカレドモ（然而）
　しかれども　1-7
ジキ（食）
　しきは　7-11
シキカイ（色界）↓ムシキカイ（無色界）
　□しきかい　8-11
シキシン（色身）
　しきしむと　22-8
ジキス（食）［動・サ変］
　しき［する］　10-1
シクワン（止観）
　四巻とに　5-3
　四巻に　5-6, 7-1
ジザイ（自在）
　自［在］なり　38-1
シシ（鹿）
　しゝの　41-9
シシ（獅子）
　しゝの　38-10
シシウ（存疑）
　しゝ（ママ）うに　28-7, 31-7
シジフユズン（四十由旬）

四十ゆすんの　38-8
ジシム(慈心)
自身を　30-2
自心をもんて　31-8, 32-6
シシムラ(肉)
し丶むらの　16-10
ジシン(慈心)→ジシム(慈心)
シタ(下)→ワキノシタ(腋下)
した　2-4
シタ(舌)
した　6-11
シタガフ(従)[動・ハ四]
したかひて　22-6, 28-4
したかひぬ　12-12
したかふ〈う〉て　31-5
シチ(七)→ダイシチ(七)・ナナツ(七)
シチヤウ(師長)→シシウ(存疑)
シヅカ(静)
しつかなる　25-1
シテ[助詞]→ス[動・サ変]・テ[接続助詞]
【活用しない語に接続】
ひとつとして　11-10
とうかくとして　21-10
みもとにして　20-8, 21-8, 23-2
しやう神にして　29-11
しやうねむにして　28-2, 28-7
しやうねんにして　28-9, 29-1, 29-3, 29-6, 29-9, 31-3
む上たうにして　29-10
なかにして　30-8
【活用する語に接続】
もろくして　7-2
くらくして　7-8
ひとしくして　19-6
たゝしうして　27-10
なくして　33-8, 33-12
すしやすくして　41-1
くつるゝかことくして　22-11
ゝ〈く〉ますして　7-12
を〈お〉こたらすして　26-7
とゝまらすして　42-1
おほきにして　2-9
やすらかにして　7-3
あらはにして　20-2
ゆたかにして　37-11
ほしきまゝにして　41-6
[おほく](し)[て]　22-1
【上接語が不明】
[は]らふか(ことく)[して]　8-1
シヌ(死)[動・ナ変]
しにたる　4-9, 38-5
しにて　14-3
しぬ　3-3, 24-2, 38-5

しぬる　13–2，8–6
シネン（熾燃）
しねんの　16–2
シハウ（四方）
四方に　7–4
シバラク（暫）
しばらく　8–12
シバル（縛）［動・ラ四］→カケシバル
（懸縛）［動・ラ四］
しばり　1–3
ジヒ（慈悲）→ダイジヒ（大慈悲）
ジフ（十）→トヲ（十）
ジフシユ（十種）→ジフス（十種）
ジフス（十種）
十すの　31–4
ジフゼン（十善）
十せんの　31–8
ジフニブキヤウ（十二部経）
十二ふ經の　34–5
ジフネム（十念）
十ねむ　30–1
十念と　36–6，36–8
十念の　36–4
十念を　36–7
ジフネムス（十念）［動・サ変］
十念して　36–5
ジフネン（十念）→ジフネム（十念）
ジフネンス（十念）［動・サ変］→ジフネ
ムス（十念）［動・サ変］
ジフハウ（十方）
十方に　21–6
十方の　19–7，20–10，23–1
ジフリキ（十力）
十力の　34–11
ジフロクブン（十六分）
十六ふんにして　11–3
ジフワウジヤウキヤウ（十往生経）
十わう上經に　27–9
ジフヰ（十囲）
十ゐの　38–2
シホ（塩）
しを〈ほ〉ゝ　15–10
シボム（萎）［動・マ四］
しほむ　9–4
シム（心）
しんは　40–3
シム［助動詞］
えしめす　1–2
やすらかならしめて　15–5
ジムシム（甚深）
しむ〳〵の　23–2
シムリキ（心力）
しんりき　40–4
シモ［副助詞］→カナラズシモ（必）

もんはらにしも　27-3
シヤウ(生)
しやう　8-5
シヤウ(存疑)
しやうと　41-3
ジヤウカイ(浄戒)
上かいを　29-6, 29-11
シヤウゴム(荘厳)→レグヱシヤウゴム
コク(蓮華荘厳国)
シヤウゴン(荘厳)→シヤウゴム(荘厳)
ジヤウコン(上根)
上こむの　41-8
シヤウシ(生死)
さうし[の]　14-11
しやうしの　11-9, 17-3, 18-5
し[や]うし(の)　17-4
しやうしを　15-8
シヤウジヤウ(清浄)
しやう〳〵に　30-9
ジヤウシヤウ(上生)→ゲホムジヤウシヤウ(下品上生)・ジヤウボムジヤウシヤウ(上品上生)・チウボムジヤウシヤウ(中品上生)
シヤウシヤウニ(生生)
しやう〳〵に　22-13
シヤウジン(精進)
しやう神にして　29-10
シヤウス(賞)[動・サ変]
しやうするに　37-10
ジヤウス(成)[動・サ変]
上す　40-5
上する　38-8
ジヤウド(浄土)
上土を　35-5
上とを　35-6
シヤウネム(正念)
しやうねむに　28-4
しやうねむにして　28-2, 28-7
しやうねんにして　28-9, 29-1, 29-3, 29-6, 29-9, 31-3
シヤウネン(正念)→シヤウネム(正念)
ジヤウハウ(上方)
上方　21-4
シヤウボフ(正法)→サウボフ(正法)・ハチマンジフニイツサイシヤウボフ(八万十二一切正法)
シヤウボフネムキヤウ(正法念経)
しやうほう〈ふ〉念經の　10-10, 12-3
ジヤウボムゲシヤウ(上品下生)
上品下しやうと　33-3
ジヤウボムジヤウシヤウ(上品上生)
上品上しやうと　32-1
ジヤウボムチウジヤウ(上品中生)
上品中上〈生〉と　32-11

シヤカヤク（沙訶薬）
しやかやくにを〈お〉きて　39-4
シヤク（尺）→イツシヤク（一尺）
シヤクジフ（石汁）
しやくしふ　38-12
ジヤケン（邪見）
しやけんを　37-1
シヤミカイ（沙弥戒）
しやみかいを　33-11
シユ（種）→サムジユ（三種）・ス（種）
ジユキス（授記）［動・サ変］→ズキス（授記）［動・サ変］
シユギヤウス（修行）［動・サ変］→スギヤウス（修行）［動・サ変］
シユクミヤウチ（宿命智）→スクミヤウチ（宿命智）
シユジヤウ（衆生）→イツサイスジヤウ（一切衆生）・イツサイスジヤウラ（一切衆生等）・スジヤウ（衆生）
シユシユ（種種）→スス（種種）
シユス（修）［動・サ変］→スス（修）［動・サ変］
シユダイ（首題）→スダイ（首題）
ジユヂ（受持）→ズヂ（受持）
ジユヂス（受持）［動・サ変］→ズヂス（受持）［動・サ変］
シユツケ（出家）→スンケ（出家）
シユツケス（出家）［動・サ変］→スンケス（出家）［動・サ変］
シユユ（須臾）→スユ（須臾）
シヨウス（称）［動・サ変］
［せう］〈しよう〉（し）［て］　26-1
せう〈しよう〉する　26-6
せうするなり　34-6
せうするに　26-9
シヨウス（証）［動・サ変］
せう〈しよう〉しつれは　5-11
シヨウネムス（称念）［動・サ変］
せう〈しよう〉ねむし　36-9
シヨウネンス（称念）［動・サ変］→シヨウネムス（称念）［動・サ変］
シヨギヤウ（諸行）
諸行を　27-2
ジヨネム（助念）→ゾネム（助念）
ジヨネン（助念）→ゾネム（助念）
シヨブツ（諸仏）
諸佛　23-3
諸佛の　20-7, 23-1
諸佛を　23-1
シヨヤ（初夜）
しよや　15-7
シリサ（尸利沙）
しりさわ〈は〉　39-7
シル（汁）→ウミシル（膿汁）

シル（知）［動・ラ四］
しらす　12-3
しりぬ　24-10，25-8
しるへし　5-3，10-9，11-7，18-6
シロシ（白）［形・ク活］
、(し)ろき　4-10
シン（心）→シム
シン（身）
しんを　14-11
シン（深）→シム
ジン（甚）→ジム
シンジチ（真実）
しんしちの　37-5
シンジツ（真実）→シンジチ（真実）
ジンシン（甚深）→ジムシム（甚深）
シンズ（信）［動・サ変］
しむし　33-4
しむして　31-11，33-1
シンゾク（親族）
しんそく　12-11
シンミヤウ（身命）
心みやうを　30-6
シンリキ（心力）→シムリキ（心力）
ジンリキ（神力）
神りきを　34-12

ス

ス（種）→サムジュ（三種）・ジフス（十種）・スス（種種）・ニス（二種）・ムリヤウス（無量種）
ス［動・サ変］→アイス（愛）［動・サ変］・オウゴス（擁護）［動・サ変］・オクネムス（憶念）［動・サ変］・ガクス（学）［動・サ変］・カフザス（跏趺坐）［動・サ変］・ギヤウズ（行）［動・サ変］・クギヤウス（恭敬）［動・サ変］・グス（具）［動・サ変］・グソクス（具足）［動・サ変］・グワングス（願求）［動・サ変］・クワンズ（観）［動・サ変］・グワンズ（願）［動・サ変］・クヱシヤウス（化生）［動・サ変］・ケウヤウス（孝養）［動・サ変］・ケンカフザス（結跏趺坐）［動・サ変］・ゲンズ（現）［動・サ変］・コンジキス（乞食）［動・サ変］・ゴンスス（勤修）［動・サ変］・ザゼンニフヂヤウス（坐禅入定）［動・サ変］・サムグヱス（懺悔）［動・サ変］・サンダンス（讃歎）［動・サ変］・ジキス（食）［動・サ変］・シテ［助詞］・ジフネムス（十念）［動・サ変］・シヤウス（賞）［動・サ変］・ジヤウス（成）［動・サ変］・

シヨウス（称）［動・サ変］・シヨウス（証）［動・サ変］・シヨウネムス（称念）［動・サ変］・シンズ（信）［動・サ変］・ズイチクス（随逐）［動・サ変］・ズキス（授記）［動・サ変］・スギヤウス（修行）［動・サ変］・スス（修）［動・サ変］・ズヂス（受持）［動・サ変］・スンケス（出家）［動・サ変］・ソウケンス（総結）［動・サ変］・ソンズ（存）［動・サ変］・タイス（退）［動・サ変］・ドクズス（読誦）［動・サ変］・ネハンス（涅槃）［動・サ変］・ネムズ（念）［動・サ変］・ハイマウス（癡忘）［動・サ変］・ヒバウス（誹謗）［動・サ変］・ヘンズ（変）［動・サ変］・ミヤウズス（命終）［動・サ変］・ライス（礼）［動・サ変］・ライハイス（礼拝）［動・サ変］・レイス（例）［動・サ変］・ワウジヤウス（往生）［動・サ変］・ヱカウス（廻向）［動・サ変］

（いんせふ）し　18-8
□して　17-1
して　26-6, 27-7, 30-9, 36-8
十六ふんにして　11-3
す　24-7, 35-2
すと　40-10
すへし　42-5
する　34-9
ところかする　1-6
を（ママ）らむとする　9-3
たいせんとする　11-1
するに　25-6
すれは　32-10, 38-10
せす　7-11, 8-6, 27-4
せり　27-5

ズ（不）［助動詞］
たのしからさらんや　10-6
つとめを〈お〉こなはさりし　14-8
みさる　5-8
おそれさる　8-7
つねならさる　25-8
いたかさる　28-8
やふらさる　29-2
そしらさる　30-3
ゝ（を）しまさる　30-6
そまさる　30-9
ゝ（を）〈お〉こさ（ママ）ゝる　31-10
たらさるに　7-6
なさゝれ　30-7
ふけらされ　31-1
くせされとも　31-5
たもたされとも　32-12

ひはうせされとも　34-3
きかされとも　42-12
みされは　5-7
た丶されは　27-8
えしめす　1-2
きよむへからす　3-8
さとらす　4-2
きよからす　5-4
みるへからす　6-1
えらはす　7-2
かたからす　7-2
せす　7-11, 8-6, 27-4
ねかはす　9-7
およはす　11-3
まのかれす　11-7
たのしむへからす　11-8, 11-11
しらす　12-3
みえす　12-11, 24-4

（うたかふへか）らす　18-10
おちす　22-13
うこかす　25-7
ころさす　28-3, 31-8, 32-6
いはす　29-8
丶〈を〉こさす　29-10
わう上せす　30-4
そしらす　33-1, 33-4
つくらす　33-8
わかたす　35-3
さまたけす　35-9
［た丶よはす］　39-10
いらす　42-3
あらす　42-9
［丶（ママ）］〈く〉［ま］すして　7-12
を〈お〉こたらすして　26-7
と丶まらすして　42-1
あたはすと　18-9

くちやふれすは　14-5
つとめすは　14-9
たた丶すは　26-2
やそらかならすは　41-4
ズイチクス（随逐）［動・サ変］
すいちくす　13-4
ズキス（授記）［動・サ変］
すきしたまひき　20-10
スギヤウス（修行）［動・サ変］
す行して　32-8, 33-7
スグ（過）［動・ガ上二］
すきお〈を〉はりて　3-2
すきたり　4-9
すきたるを　7-10
すくれは　3-4
スグス（過）［動・サ四］
すくす　15-9
スクナシ（少）［形・ク活］

(す)くなしと 40-4
スクフ(救)[動・ハ四]→アヒスクフ(相救)[動・ハ四]
すくひて 10-5
すくふ 1-4, 10-8, 13-9, 22-3
スクミヤウチ(宿命智)
すくみやうちを 39-6
スコシ(少)
すこし[の] 13-5
すこしの 15-10
すこしを 2-5
スコシキ(少)
すこしきの 10-5
[すこし](きの) 41-12
スジヤウ(衆生)→イツサイスジヤウ(一切衆生)・イツサイスジヤウラ(一切衆生等)
す上 32-2, 32-6
す上に 19-3
す上にを〈お〉いて 30-2, 30-4, 30-11
スス(種種)
すゝの 4-6, 12-7, 31-1
スス(修)[動・サ変]
すして 20-8, 28-5
すしやすくして 41-1
すゝへし 15-6, 31-7
すゝるなり 31-9
ススグ(漱)[動・ガ四]
すゝくとも 3-8
スズシ(涼)[形・シク活]
すゝしく 6-7
ススム(勧)[動・マ下二]
[す](ゝむ)るなり 31-12
スダイ(首題)
すたいの 34-5
スヂ(筋)
すちをもちて 38-10
ズヂ(受持)
衆ち 27-4
ズヂス(受持)[動・サ変]
すちし 31-9
すちしき 23-2
すちして 29-2
すちすへし 42-10
スツ(捨)[動・タ下二]
すつる 9-8
すてつれは 4-3
ステニ(既)
すてに 8-11, 24-2
スナハチ(則・即)
すなはち 1-8, 5-10, 22-7, 23-5, 24-2, 25-4, 25-7, 26-2, 26-5, 26-5, 26-11, 32-10, 37-2, 39-4, 39-7, 39-8

す[な]は[ち]　38-1
スフ(吸)[動・ハ四]
すひ　6-1
スベテ(全)
すへて　5-8
スミヤカ(速)
すみやかなりと　8-6
スユ(須臾)
すゆに　38-3
すゆの　37-10
スラ[副助詞]
いこう〈ふ〉すら　14-6
こまうなるすら　37-3
スンケ(出家)
すけの　41-7
すんけなり　41-5
スンケス(出家)[動・サ変]
すんけして　21-8

セ

セ(施)
せなり　41-11
セケン(世間)
せけんの　41-3
セツセン(雪山)→センセン(雪山)
セツセンダイシ(雪山大士)→センセンダイシ(雪山大士)
セム(責)[動・マ下二]
せめらる(ママ)　1-8
セン(千)
千の　38-2
ゼン(全)
せんの　42-9
ゼン(善)
せん□　36-11
ゼンゴフ(善業)
せむ五う〈ふ〉を　37-4
せん五うをや　37-5
センコン(千斤)
せんこむの　38-12
ゼンゴン(善根)
せむ五むの　36-1
せん五むを　31-2
せんこむをもんて　33-9
センセン(雪山)
せゝむのことし　2-7
せんせんに　39-3
センセンダイシ(雪山大士)
せゝむたいしのことくなり　41-9
センダン(栴檀)
千たんの　38-8
センダントクブツ(栴檀徳仏)
栴檀德佛　21-2

ゼンチシキ（善知識）
　せんちしきの　34–10
　せんちしきは　42–6, 42–7
ゼンヂヤウ（禅定）
　せん丁を　29–7
ゼントクブツ（善徳仏）
　せむとく佛　19–8
　せむとく佛と　21–1
センユゼンナ（千踰繕那）
　千ゆせんなのことし　2–7
センリ（千里）
　千りを　37–8

ソ

ソ（其）→ソノ（其）
ゾ［助詞］→イカンゾ（如何）・ナンゾ（何）
　ねんすへきそ　36–6
ソウケツス（総結）［動・サ変］→ソウケンス（総結）［動・サ変］
ソウケンス（総結）［動・サ変］
　そうけんすと　11–9
ソウバウ（僧坊）
　そうはうに　28–9
ソシム（麁心）
　そ心（の）　40–5
ソシル（謗）［動・ラ四］
　そしらさる　30–3
　そしらす　33–1, 33–4
　そしれは　30–3
ソシン（麁心）→ソシム（麁心）
ソソク（注）［動・カ四］
　そそきて　5–1
ゾネム（助念）
　そねむの　36–3
ソノ（其）
　その　2–5, 2–8, 2–11, 4–4, 8–11, 9–1, 16–5, 18–4, 24–1, 24–6, 25–5, 25–7, 30–3, 30–3, 35–10, 36–5, 39–9, 40–2, 41–6
ソム（染）［動・マ四］
　そまさる　30–9
ソラ（空）
　そらの　22–1, 22–5
ソレ（其）
　それを　36–8
ソンズ（存）［動・サ変］
　そむせんか　15–1
ソンヂウ（尊重）
　そんちうの　30–12

タ

タ（他）
たの　7-7，36-7，40-11
ダイ（大）
大□　17-10
大の　42-7
ダイアミダキヤウ（大阿弥陀経）
大あみた經に　27-6
ダイイチ（第一）
大〈第〉一の　23-5
ダイイチギ（第一義）
大〈第〉いちきにを〈お〉いて　32-12
ダイカイ（大海）
大い（ママ）かいの　3-7
ダイク（第九）
第九に　27-2，41-3
ダイクナウ（大苦悩）
大くなうを　6-8，11-2
ダイクワウミヤウ（大光明）
大くわうみやうを　21-7
ダイゴ（第五）
第五に　36-4
ダイゴ（醍醐）
たい五を　39-4
ダイサム（第三）
大〈第〉三の　23-7，23-8
ダイシ（第四）
第四に　35-1
ダイシ（大士）→センセンダイシ（雪山大士）
ダイジ（大事）
大事を　40-2，40-5
ダイシチ（第七）
大七に　11-9
ダイジヒ（大慈悲）
大自ひをもんて　34-10
ダイシフキヤウ（大集経）
大しむ〈ふ〉經の　13-10
ダイシユ（大衆）→ダイス（大衆）
ダイジヨウ（大乗）
大せう〈しよう〉を　31-11，33-1，33-4
ダイジヨウハウトウキヤウテン（大乗方等経典）
大せう〈シヨウ〉はうとう經殿〈典〉を　32-7
タイス（退）［動・サ変］
たいせんとする　11-1
ダイス（大衆）
大す　19-3
大すに　19-8
ダイニ（第二）
［大］〈第〉二、　2-3

大にの　23-6
ダイハンナ（大般若）
大はな　5-3
ダイハンニャ（大般若）→ダイハンナ（大般若）
ダイヒ（大悲）
大ひ　18-3
タイモツ（退没）→タイモン（退没）
タイモン（退没）
たいもんの　11-6
ダイレグヱ（大蓮華）
大れ化の　20-5
ダイレングヱ（大蓮華）→ダイレグヱ（大蓮華）
ダイロク（第六）
[大]〈第〉六に　8-10
大六に　40-5
ダイロン（大論）
大ろむに　40-3
ダウ（道）→アクダウ（悪道）・ガクキダウ（餓鬼道）・テンダウ（天道）・ニンダウ（人道）・ムジヤウダウ（無上道）
たうを　21-9
ダウゲン（道眼）
道けんをもんて　24-3
タウリテン（忉利天）
たうり天のこときは　9-1
タカ（鷹）
たか　4-6
タカシ（高）[形・ク活]
たかき　5-11
たかけれは　42-2
タガヒニ（互）
たかひに　42-5
タカラ（宝）
たから　12-11, 13-2
たからを　2-11, 12-7, 40-11
タクハフ（貯）[動・ハ下二]
たくはへ　7-4
タクハヘ（貯）
たくはへ　7-7
タケシ（猛）[形・ク活]
たけき　7-9
タダ（只）
たゝ　3-7, 3-10, 13-3, 13-9, 33-4
タダイマ（只今）
たゝいま　18-6
タタク（叩）[動・カ四]
たゝきて　25-8
たゝけは　39-2
タダシ（正）[形・シク活]
たゝしうして　27-10
タダシ（但）

たゝし　3-1, 39-5, 41-11
タダヨフ(漂)[動・ハ四]
[たゝよはす]　39-10
タダル(爛)[動・ラ下二]→クサリタダル(腐爛)[動・ラ下二]・ツヒエタダル(潰爛)[動・ラ下二]
タチ(達)[接尾語]
トモタチ　13-2
タチマチニ(忽)
たちまちに　5-9, 7-6
た(ち)まちに　8-3
[たち]まちに　10-1
タチヰオキフシ(立居起臥)
たちゐおきふしに　35-3
タツ(絶)[動・タ四]
たゝされは　27-8
たゝすは　26-2
たちつ　10-3
タテマツル(奉)[動・ラ四]
さんたんしたてまつりき　20-3
みたてまつりき　23-1
たてまつるに　37-9
タトヒ(喩)
たとひ　37-6
たとひをもんて　37-6
タトヒ(縦)[副詞]
たとひ　3-4, 42-11, 42-12
タトヘバ(例)
たとへは　3-5, 15-10
[た]とへは　8-2
タナゴコロ(掌)
たな心を　34-5
タニン(他人)
た人に　12-12
タノシ(楽)[形・シク活]
たのしからさらんや　10-6
タノシビ(楽)
たのしひ　9-2
たのしひと　12-8
たのしひを　16-1
タノシブ(楽)[動・バ四]
たのしひて　12-5
タノシム(楽)[動・マ四]
たのしまんや　6-2
たのしむへからす　11-8, 11-11
タノム(恃)[動・マ四]
たのむ　7-2
タビ(度)→アマタタビ(数多度)・ヒトタビ(一度)
タフ(塔)
たう〈ふ〉　28-10
たうに　22-4, 22-6
タフ(答)[動・ハ下二]
たふ　36-6, 40-2, 41-5

タフトブ（尊）［動・バ四］
たう〈ふ〉とひにし　7-1
タマ（玉）
たまをもちて　39-8
タマシヒ（魂）
たましゐ〈ひ〉　26-8
タマフ（給）［動・ハ四］→ツゲタマハク（告給）
すきしたまひき　20-10
さつけたまひき　23-4
ねはむしたまひて　22-3
たまふ　19-10
てらいたまふのみにあら（す）　18-1
おうこしたまふらむ　18-8
のそきたまへ　22-10
タメ（為）
ために　1-8, 15-1, 20-10, 26-11
タモツ（保）［動・タ四］
たもたされとも　32-12
たもち　29-11, 33-11, 33-12
たもちて　19-2, 27-6, 29-7, 33-7
タユ（絶）［動・ヤ下二］
たえぬ　38-11
たゆるか（ママ）かことし　38-3
タリ［助動詞・完了］
ゐたらむに　35-8
いきたり　3-3
ついえたゝれたり　4-8
すきたり　4-9
みえたり　5-3
へたり　14-9
えたり　20-11
やけたる　1-10
ゑかいたる　3-11
しにたる　4-9, 38-5
うけたる　14-4
なえたる　37-7
いれたる□　15-10
いれたるかこと□　3-11
とらへられたるかことし　12-5
えたるなり　21-6
すきたるを　7-10
タル（足）［動・ラ四］
たらさるに　7-6
タル（垂）［動・ラ下二］
たれて　10-5
タレ（誰）
たれか　7-8, 12-12
ダンヲツ（檀越）→ダンヲン（檀越）
ダンヲン（檀越）
たんをんの　41-11

チ

チ(地)
ちに　6-5, 22-11, 25-6
地に　25-4
ちの　1-4
地の　2-3
チ(血)
ち　4-5
チウコン(中根)
中こむの　41-10
チウシヤウ(中生)→チウジヤウ(中生)
チウジヤウ(中生)→ジヤウボムチウジヤウ(上品中生)・ゲホムチウジヤウ(下品中生)・チウボムチウジヤウ(中品中生)
ヂウショ(住処)→ヂウソ(住処)
ヂウスイ(住水)
ちうすいの　39-8
ヂウソ(住処)
ちうそに　2-3
チウボムジヤウシヤウ(中品上生)
中品上しやうと　33-6
チウボムチウジヤウ(中品中生)
中品中しやうと　33-10
チウヤ(昼夜)
中やに　27-7
チカラ(力)
ちから　40-2
ちからに　36-1, 36-2
チクシヤウ(畜生)
ちくしやうの　16-8
ヂゴク(地獄)→ムケンヂゴク(無間地獄)
地こくの　10-10, 11-2, 16-3, 34-9
地こくを　24-4
チサ(智者)
ちさ　12-4
チシヤ(智者)→チサ(智者)
チチ(父)
ちゝ　13-1, 13-9
ちゝを　24-7, 25-10
チヒサシ(小)[形・ク活]
ちひさき　37-6
ちひさしと　40-5
ちゐ〈ひ〉さしと　39-10
ヂヤクス(著)[動・サ変]
ちやくせり　12-2
チリ(塵)
ちり　5-2
チル(散)[動・ラ四]→ワカレチル(分散)[動・ラ四]

ツ

ツ[助動詞]
たちつ　10–3
すてつれは　4–3
みつれは　5–7, 39–8
かきつれは　5–10
せうしつれは　5–11
ゝ(を)〈お〉こし(つ)れは　37–2
くうつれは　39–4
かさりつれは　39–9
えてき　20–9
えてむ　26–3
のそきてむ　27–1
ツ[接尾語]→イツツ(五)・ココノツ(九)・ナナツ(七)・ヒトツ(一)・ヒトツトコロ(一所)・ヒトツヒトツ(一一)・フタツ(二)・ミツ(三)・ムツ(六)・ヤツ(八)・ヨツ(四)
ツカ(塚)
つかの　4–3
ツカフ(仕)[動・ハ下二]
つかへ　31–8
ツキ(月)→トシツキ(歳月)
月の　29–4
ツク(付)[動・カ四]
つき　9–5
ツク(付)[動・カ下二]→ナヅク(名付)[動・カ下二]
ツク(吐)[動・カ四]
つくかことし　5–10
ツグ(告)[動・ガ下二]→ツゲタマハク(告給)
つけて　13–5, 19–8, 23–10, 26–3
ツクル(作)[動・ラ四]
つくらす　33–8
つくりて　13–7, 14–2, 34–2, 34–4, 36–11
ツゲタマハク(告給)
つげたまわ〈は〉く　19–2
ツチ(土)
つ(ママ)と　5–2
ツツシム(慎)[動・マ四]
つゝしみて　26–3
ツツム(包)[動・マ四]
つつめり　3–10
ツトム(勤)[動・マ下二]→ツトメオコナフ(勤行)[動・ハ四]
つとめすは　14–9
ツトメオコナフ(勤行)[動・ハ四]
つとめを〈お〉こなはさりし　14–7
ツトメテ(努)
つとめて　19–1

(つ)とめて　13-10
ツネ(常)→ツネニ(常)
つねならさる　25-7
つねの　35-1
ツネニ(常)
[つね]に　9-11
つねに　6-4, 12-4, 12-5, 13-4, 13-5, 14-5, 20-7, 23-1, 27-11, 28-5, 29-5, 29-6, 30-2, 30-5, 30-10, 41-10, 42-10
つね[に]　18-2
ツノ(角)
つの　16-10
つのをもちて　38-5, 39-2
ツヒエタダル(潰爛)[動・ラ下二]
つい〈ひ〉えたゝれたり　4-8
ツヒニ(遂)
つゐ〈ひ〉に　1-7, 5-2, 11-5, 24-4, 30-4
ツヒユ(潰)[動・ヤ下二]→ツヒエタダル(潰爛)[動・ラ下二]
ツミ(罪)
つみを　13-6, 22-3, 22-9, 22-12, 24-9, 26-2
(つ)みを　13-7
ツミビト(罪人)
つみひとに　13-5
ツム(積)[動・マ四]
つみ　7-4
つみて　14-5
ツモル(積)[動・ラ四]
つもりて　5-1
ツラナル(連)[動・ラ四]→ユキツラナル[動・ラ四]
ツルギ(剣)
つるきを　25-3
ツヱ(杖)
つゑ　1-1

テ

テ(手)→テアシ(手足)
てに　1-1, 6-6, 6-11
てを　23-9, 26-5
テ[接続助詞]→アヘテ(敢)・オイテ(於)・オキテ(於)・カヘリテ(却)・キハメテ(極)・サダメテ(定)・シカウシテ(而)・シテ[助詞]・ツトメテ(努)・ハジメテ(初)・モチテ(以)・モンテ(以)
とりて　1-1, 1-9
ゆきつらなりて　1-1
さいきりて　1-2
おきて　1-5

あう〈ふ〉けて　1-5
とひて　1-5
こたへて　1-6, 25-11
はさみあけて　1-10
みちて　2-11
ありて　3-2, 13-4, 24-9
お〈を〉はりて　3-3
かたふけて　3-8
[み]て　4-1
はれふくれて　4-4
くさりたゝれて　4-5
とりさいて　4-7
ましはりいてゝ　4-8
わかれちりて　4-11
そゝきて　5-1
つもりて　5-1
やふれくちて　5-2
くたけて　5-2

うたきて　6-2
むまれて　6-5
なりて　6-9
ねかひて　7-4, 29-7, 32-9
はしりもとめて　7-4
おそれて　7-10
ねぶりて　8-3
きゝて　8-4, 26-10, 28-11, 40-8
あけて　9-1
のきふして　9-10
かなしひなきて　9-10
なけきて　9-10
たれて　10-5
すくひて　10-5
十六ふんにして　11-3
あひきたりて　11-11
□て　12-2
たのしひて　12-6

もとめて　12-8, 24-6
やしなひて　12-8
きたりて　13-3
つけて　13-5, 19-8, 23-10, 26-3
つくりて　13-7, 14-2, 34-2, 34-4, 36-11
まねきて　13-8
しにて　14-3
つみて　14-5
なして　15-3
やはらけて　15-4
やすらかならしめて　15-5
ねふりて　15-7
くわんして　15-8, 31-3
ゐて　16-2
あんて　16-4, 22-2, 26-7, 32-2
わかちて　16-7, 35-1
□して　17-1

きたりて　18–2, 19–7
(うこ)かして　18–5
(放)ちて　18–7
たもちて　19–3, 27–6, 29–7, 33–7
らいしお〈を〉はりて　20–2
といて　20–3
みやうすして　20–4
むまれて　20–5
けんかふさして　20–6
えて　20–7
すして　20–8, 28–5
えをはりて　20–9
讃歎せん（シニヨテ）　21–6
はなちて　21–7
すんけして　21–9
ゝ〈を〉〈お〉こして　21–11, 30–5, 30–6, 30–12, 31–2, 31–11, 32–3
かたりて　22–2
ねはむしたまひて　22–3
いりて　22–4, 22–6
したかひて　22–6, 28–4
みて　22–7
なしお〈を〉はりて　22–10
なけて　22–12
えお〈を〉はりて　23–3
のへて　23–10
なてゝ　23–10
かなしひなけきて　24–5
ころして　24–8, 25–11
うかちて　25–2
を〈お〉ひえて　25–3
ぬきて　25–3, 38–3
たゝきて　25–8
[せう]〈しょう〉(し)[て]　26–1
かさねて　26–3
つゝしみて　26–4
をしへて　26–4
あさへて　26–6
して　26–6, 27–7, 30–9, 36–8
むかひて　26–8
思ひて　27–7
観して　27–10
いたいて　27–11
□[し]て　28–1
あはれひて　28–3
うやまゐ〈ひ〉て　28–8
ゆいて　28–10, 42–12, 42–12
すちして　29–2
はなれて　29–5
まほりて　29–7
なして　30–3
を〈お〉こして　30–10
念して　30–10
したかふ〈う〉て　31–5

くそくして　31-10
しむして　31-11
す行して　32-8, 33-8
しむして　33-1
ゐかうして　33-2, 33-5, 33-9
のそみて　34-5
あはせて　34-6
させんにう丈して　35-2
ねむして　35-5
十念して　36-5
をく念して　36-7
むま[れ]てより　36-11
よりて　37-8
よろこひて　37-10
のりて　38-1
くはへて　38-7
へムして　38-9
へんして　39-1

うへ〈ゐ〉て　41-4
テアシ（手足）
てあし　4-11
てあしは　2-10
テラ（寺）
てらを　28-10
テラス（照）［動・サ四］
てらいたまふのみにあら（す）　18-1
テン（天）→クワウオムテン（光音天）・タウリテン（忉利天）・ニンテン（人天）・ヒサウテン（悲想天）・ボムテン（梵天）
てんも　11-4
テンエ（天衣）
天衣　9-5
テンク（天宮）
天くに　16-2
テンジヤウ（天上）

天上（ママ）　9-8
天上　24-3
殿〈天〉上　11-7
天上より　11-1
テンダウ（天道）
天たうを　8-10
テンニヨ（天女）→テンジヤウ（天上）
［天］（女）［は］　9-11

ト

ト［格助詞］
【活用しない語に接続】
みと　2-8
ふ上と　3-5
ほねと　4-10
つ（ママ）と　5-2
さうと　6-3

ひと丶　6-9
ものと　7-7
たのしひと　12-8
菩薩すと　18-7
もんすしりと　19-6
ほうゐとく上わうと　19-10
せむとく佛と　21-1
さいせと　22-5
しきしむと　22-8
これと　22-8
はわ〈は〉と　24-10
（なも）［佛と］　26-1
なも佛と　26-6，26-8，26-10
ほとけと　26-9
と（ママ）う〈ふ〉と　27-5
上品上しやうと　32-2
上品中上〈生〉と　32-11
上品下しやうと　33-3
中品上しやうと　33-6
中品中しやうと　33-10
下品上しやうと　34-1
なもあみだ佛と　34-6，36-9
下品中しやうと　34-7
よつと　35-2
十念と　36-6，36-8
一ねむと　36-10
こかねと　39-1
人にくと　39-3
めうくわと　40-6
しやうと　41-3
ひとつとして　11-10
とうかくとして　21-10
四巻とに　5-3

【活用する語に接続】

ほとこすと　3-9
きらふ〈う〉と　8-4
すみやかなりと　8-6
きわ〈は〉まりなしと　9-2
を（ママ）らむとする　9-3
なすと　10-8
たいせんとする　11-1
なしと　11-5，22-4
そうけんすと　11-9
わけむと　13-1
いてむと　13-10
くふと　15-1
うくと　16-1
くせりと　16-3
あたはすと　18-9
いふと　18-9
思と　22-4
わたさむと　24-2
のからかさむと　24-7
あるへしと　25-1

あひみちひかむと　25-10
なかれと　26-4
あかすと　27-2, 35-1
むまれむと　27-7, 31-6, 32-2,
　32-9, 33-2, 33-6
をはらむと　34-9
ねかふと　35-6
ゆめのことしと　35-7
かたしと　39-1
ちゐさしと　39-10
(す)くなしと　40-4
ちひさしと　40-5
(な)ると　40-9
すと　40-10
行なりと　41-2
ありと　42-11
【上接語が不明】
□とを　37-1

トウ(等)
とくすとうをもんて　27-5
ドウ(銅)→アカガネ(銅)
ドウガク(同学)
とうかくとして　21-10
ドウギヤウ(同行)
とう行の　42-4
ドウジ(童子)
とうし　38-2
トウナムハウ(東南方)
東南方　21-1
トウハウ(東方)
と(ママ)方の　19-8
とうはうの　20-4
とう方の　20-11, 23-4
トウホクハウ(東北方)
東北方　21-3
トガ(咎)

とか　33-8
とかを　25-8
トキ(時)
とき　6-7, 15-6
ときに　1-8, 9-3, 9-7, 12-9, 19-7,
　20-3, 21-9, 23-9, 24-7, 25-2,
　34-9
時に　37-1
ときには　5-8, 8-8, 11-2, 15-7,
　38-8
ときの　40-3
ときまて　35-10
ときを　19-9, 35-3
トク(説)[動・カ四]
とかむに　34-12
といて　20-3
とき　34-11
ゝ(と)き　40-9

ゝ(と)く　40-10
とくかことき　6-4
とくかことし　2-1
トク(解)[動・カ下二]
とけぬ　39-2
ドク(毒)
とく(の)ことし　40-4
ドクジユ(読誦)→ドクズ(読誦)
ドクジユス(読誦)[動・サ変]→ドクズス(読誦)[動・サ変]
ドクズ(読誦)
とくすとうをもんて　27-5
ドクズス(読誦)[動・サ変]
とくすし　31-12
とくすゝる　32-8
ドクロ(髑髏)
とくろ　4-11
トコロ(所・処)→ヒトツトコロ(一所)・ヰドコロ(居所)
ところかする　1-6
ところに　35-8, 42-2
ところの　5-4, 36-5
ところは　25-5
ところを　24-9
トシツキ(歳月)
とし月を　5-1
トドマル(留)[動・ラ四]
とゝまらすして　42-1
トナリ(隣)
となりの　24-7
トビ(鵄)
とひ　4-6
トビサル(飛去)[動・ラ四]
とひさりぬ　26-5
トビノボル(飛上)[動・ラ四]
とひの[ほ][る]　38-1
トフ(問)[動・ハ四]
とひて　1-5
とふ　35-10, 36-4, 36-10, 41-3
[と]ふ　40-8
トブ(富)[動・バ四]
とひ　37-11
トブラフ(弔)[動・ハ四]
とふらはん　7-8
トホザカル(遠離)[動・ラ四]
とを〈ほ〉さかる　9-8
トホシ(遠)[形・ク活]
とほき　42-11
トム(富)[動・マ四]→トブ(富)[動・バ四]
トモ(友)
ともたち　13-1
ともの　29-5
トモ[接続助詞]

す丶くとも　3-8
いふとも　15-1
ドモ［接続助詞］→イヘドモ（雖）・シカレドモ（然而）
くへとも　3-4
思へとも　12-8
おつれとも　25-4
くせされとも　31-5
たもたされとも　32-12
ひはうせされとも　34-3
いれ［とも］　39-10
きかされとも　42-12
トモニ（共）
ともに　3-6, 21-10, 34-9, 42-4
と（もに）　18-7
トラフ（囚）［動・ハ下二］
とらへられたるかことし　12-5
トリサク（取裂）［動・カ四］
とりさいて　4-7
トル（取）［動・ラ四］→ウケトル（受取）［動・ラ四］・トリサク（取裂）［動・カ四］
とりて　1-1, 1-9
トヲ（十）
［十］には　39-10
とをの　27-9
十は　29-9, 31-3
とを丶　31-5
トヲカトヲヤ（十日十夜）
十日十夜　27-8
トヲヤ（十夜）→トヲカトヲヤ（十日十夜）

ナ

ナ（名）
なを　40-8
ナ（菜）
な　41-9
ナイシ（乃至）
ないし　4-3, 4-9, 11-6, 32-10, 35-9, 39-6
ナイリ（泥黎）
ないり　26-11
ないりの　26-8, 26-9
ナカ（中）
なかに　2-11, 12-4, 14-4, 16-4, 20-5, 22-1, 24-4, 24-5, 31-4
中に　39-9
なかにを〈お〉きて　12-10, 16-8

なかにして　30–8
なかには　11–5, 14–11, 38–7, 41–1
ナガサ（長）
なかさ　2–6
ナガシ（長）［形・ク活］
なかく　2–9
ナカラ（半）
なからを　25–2
ナガル（流）［動・ラ下二］→ナガレイヅ（流出）［動・ダ下二］
ナカレ（勿）→ナシ（無）［形・ク活］
ナガレイヅ（流出）［動・ダ下二］
なかれいつ　4–5
ナク（泣）［動・カ四］→カナシビナク（悲泣）［動・カ四］
ナグ（投）［動・ガ下二］
なけて　22–12
ナゲク（嘆）［動・カ四］→カナシビナゲク（悲嘆）［動・カ四］
なけきて　9–10
ナサク（為）
なさく　22–7
ナシ（無）［形・ク活］→キハマリナシ（極無）［形・ク活］
なかれ　7–3, 10–7, 15–2, 15–9, 17–2, 25–9, 25–10
なかれと　26–4
なき　30–11, 31–1, 36–8
なき（な）り　13–8
なくして　33–8, 33–12
なし　1–7, 2–2, 2–10, 10–9, 12–10, 13–3, 13–6, 13–9, 19–6, 22–5, 34–4
なしと　11–5, 22–3
ナス（為）［動・サ四］→ナサク（爲）
なさゝれ　30–7
なしお〈を〉はりて　22–10
なして　15–3, 30–3
［な］［し］（て）　17–12
なす　3–1, 11–2, 15–2, 17–2, 30–8, 35–10, 39–1, 40–2
なすと　10–8
ナツ（夏）
なつの　6–7
ナヅ（撫）［動・ダ下二］
なてゝ　23–10
ナヅク［動・カ下二］
なつく　2–8, 39–3
なつくるなり　36–10
ナナツ（七）
七に　39–6
七には　29–1, 30–11
七の　37–6
ナニ（何）

なにの　1-6
ナヌカ（七日）
七日　24-9, 26-2, 26-7, 26-7
七日か　3-2
七日まて　32-10
七日を　3-2, 4-3
ナハ（縄）
なわ〈は〉を　38-2
なわをもちて　1-3
ナホ（猶）
なを〈ほ〉　3-3, 5-9, 39-10
［な］を　37-4
ナホシ（猶）
なを〈ほ〉し　3-11, 8-6, 14-6
ナムダチ（汝等）
なんたち　22-4
ナムヂ（汝）→ナムヂラ（汝等）
なんち　13-6, 19-2, 25-10
（な）（ん）［ち］　23-11
なんちか　22-3
ナムヂラ（汝等）
なんちら　1-5
ナムハウ（南方）
南方　21-2
なん方の　23-5
ナモ（南謨）
なも　17-9
な［も］　17-10
（な）も　17-10
ナモアミダブツ（南謨阿弥陀仏）
なもあみだ佛と　34-6, 36-9
ナモブツ（南謨仏）
なも佛と　26-6, 26-8, 26-10
（なも）［佛と］　26-1
ナユ（萎）［動・ヤ下二］
なえたる　37-7
ナラビニ（並）
ならひに　13-2
ナラフ（習）［動・ハ四］
な［ら］ひき　21-11
ナラブ（並）［動・バ下二］
ならふれは　16-6
ナリ［助動詞］→ニ［助詞］
つねならさる　25-7
やすらかならしめて　15-5
やそらかならすは　41-4
ひふらせんのことくならむ　14-6
えむまわうかいなり　2-4
ふたりはかりなり　2-9
しかなり　3-6
ふ上なり　3-7
くなり　11-10
ゝ〈し〉かなり　14-7
む兩なり　16-8

これなり　21-1, 23-5, 23-6, 23-7, 23-9
えたるなり　21-6
すゝるなり　31-9
[す](ゝむ)るなり　31-12
ゑかう本月心なり　32-4
くするなり　32-7
月するなり　33-3
ねがふなり　33-6
月くするなり　33-10
[行]するなり　34-1
せう〈しよう〉するなり　34-6
観するなり　35-2, 35-7
ねんするなり　35-4
もとむるなり　35-5
えんなり　36-3
なつくるなり　36-10
自[在]なり　38-1

ふかしきなり　38-7
すんけなり　41-6
このみなり　41-9
せゝむたいしのことときなり　41-10
ふんさうえなり　41-11
せなり　41-11
いんねんなり　42-7, 42-8
いんねなり　42-9
すみやかなりと　8-6
行なりと　41-2
なき(な)り　13-9
おほきなる　1-4, 3-1
ことなる　19-6, 22-5, 22-9
おほきなる　22-11
しつかなる　25-2
みやうなる　40-4
□なる　42-2
こまうなるすら　37-3

ひとはかりなるも　2-6
みやうりなるをもんての　37-3
おほきに　7-10
を〈お〉(ほ)きに　8-5
いかやうに　36-6
こほりのことくに　39-2
はらふかことくに　40-10
わたるかことくに　42-5
てらいたまふのみにあら(す)　18-1
おほきにして　2-9
やすらかにして　7-3
あらはにして　20-2
ゆたかにして　37-11
ほしきまゝにして　41-6
ナル(成)[動・ラ四]
なりお〈を〉はりぬれは　4-10
なりて　6-9
なりぬ　3-5, 5-3, 7-7

なる　20–11, 21–6
（な）ると　40–9
なるへし　40–7
ナン（何）
なんの　22–8
ナン（南）→ナム
ナンゾ（何）
　なんそ　41–7
ナンダチ（汝等）→ナムダチ（汝等）
ナンヂ（汝）→ナムヂ（汝）
ナンヂラ（汝等）→ナムヂラ（汝等）
ナンハウ（南方）→ナムハウ（南方）

ニ

ニ（二）→ダイニ（第二）・フタツ（二）
ニ［助詞］→イカンゾ（如何）・イタヅラニ（徒）・カルガユヱニ（斯故）・コンネンニ（忽然）・シヤウシヤウニ（生生）・スデニ（既）・タガヒニ（互）・タチマチニ（忽）・ツネニ（常）・ツヒニ（遂）・トモニ（共）・ナラビニ（並）・ナリ［助動詞］・ニハカニ（俄）・ヒトヘニ（偏）・マコトニ（誠）・マサニ（当）
【活用しない語に接続】
てに　1–1, 6–6, 6–11
うへに　1–4
ために　1–8, 15–1, 20–10, 26–11
ときに　1–8, 9–3, 9–8, 12–9, 19–7, 20–4, 21–9, 23–9, 24–7, 25–2, 34–9
［經ろん］に　2–1
［大］〈第〉二丶　2–3
ちうそに　2–3
五百由旬に　2–4
あひたに　2–5, 4–3, 9–9, 37–10
なかに　2–11, 12–4, 14–4, 16–4, 20–5, 22–1, 24–4, 24–5, 31–4
を〈お〉ひ〈い〉に　3–7
かめに　3–11
ほか〳〵に　4–11
四巻〈止観〉に　5–6, 7–1
二に　6–3
ほう尺經に　6–4
ちに　6–5
ころもに　6–6
かせに　6–7
かきかへに　6–8
のちに　6–9, 15–5, 20–7
經に　6–10
四方に　7–4
むしろに　7–11
ヒヤウニ　8–5

[大]〈第〉六に　8–10
くに　10–4, 16–2, 16–6
うみに　10–7
下〈偈〉に　11–1, 12–3, 13–10, 14–3, 40–11
心に　11–2, 25–7, 27–4, 28–5, 31–5
十六ふんに　11–3
大〈第〉七に　11–9
五よくに　12–2
ほうしやく經に　12–6
た人に　12–12
つみひとに　13–5
ゆへ〈ゑ〉に　14–8, 37–3
ひとよに　15–6
こうかに　15–10
天くに　16–2
うちに　16–5, 29–1, 29–4
百千萬に　16–7
(ま)うしむ[に](よりて)　17–4
やま[ゐ]〈ひ〉に　17–5
あなんに　19–1
す上に　19–3
大すに　19–8
よに　19–10
くにゝ　20–5, 24–7, 27–7, 27–8, 28–2, 28–4, 28–6, 28–9, 28–11, 29–3, 29–5, 29–9, 30–1, 31–6, 32–2, 32–5, 32–9
ほとけに　20–7, 20–11, 21–6
過去に　21–5
十方に　21–6
本こくに　21–7
[あくた]うに　22–1
ひくに　22–2
たう〈ふ〉に　22–4
こへ〈ゑ〉に　22–6
ちに　22–11
八十を〈お〉くあそうきこう〈ふ〉に　22–13
あくたうに　22–13
けんせんに　23–3
われに　23–3
ひとつところに　25–1
地に　25–4
ちに　25–6
これに　26–3, 42–4
ひとつに　26–6, 27–6, 36–8
かとに　26–8
一子に　26–10
第九に　27–2
經ろんに　27–4
大あみた經に　27–6
中やに　27–7

十わう上經に　27-9
しやうねむに　28-4
ふもに　28-7, 31-7
しゝ（ママ）うに　28-7, 31-8
そうはうに　28-10
しやう〳〵に　30-9
りやくに　30-9
ひゝに　30-10
あちはひに　31-1
くわん經に　31-6
こくらくこくに　33-2
こくらくに　33-6
いちしに　34-9
第四に　35-1
たちゐおきふしに　35-3
もんはらに　35-5
ところに　35-8, 42-2
ちからに　36-1, 36-2

第五に　36-4
りむすに　36-5
時に　37-1
むけむちこくに　37-2
ふねに　37-7
いきほひに　37-8
一日に　37-8
わうに　37-9
こくに　38-1
すゆに　38-3
みつに　38-4
こと〳〵くに　38-5, 38-11
ものに　38-6
をに　38-10
せんせんに　39-3
七に　39-6
中に　39-9
大ろむに　40-3

大〈第〉六に　40-5
第九に　41-3
行人に　41-3
はたかに　41-4
行しやに　41-5
もとに　41-8
いたゝきに　42-1
ほけ經に　42-6
はん□（舟カ）經に　42-11
はうに　42-11
四巻とに　5-3
す上にを〈お〉いて　30-2, 30-4, 30-11
ほう〈ふ〉にを〈お〉いて　30-7
大〈第〉いちきにを〈お〉いて　32-12
けうもんにを〈お〉いて　42-10
なかにを〈お〉きて　12-10
よくにおきて　15-3
なかにを〈お〉きて　16-8

おもてにおきて 20-10
しやかやくにを〈お〉きて 39-5
いつくにか 41-5
みもとにして 20-8, 21-8, 23-2
しやうねむにして 28-2, 28-7
しやうねんにして 28-9, 29-1, 29-3, 29-6, 29-9, 31-3
む上たうにして 29-10
しやう神にして 29-11
なかにして 30-8
もんはらにしも 27-3
□ふ[さには] 2-1
ほかには 3-9
うちには 3-10
ときには 5-9, 8-8, 11-2, 15-7, 38-8
三には 8-11, 38-11
一には 9-4, 31-7, 38-8

なかには 11-5, 14-11, 38-7, 41-1
こやには 15-8
のちには 16-3
一に[は] 17-2
ひとつには 27-10
四には 28-4, 30-7
七には 29-1, 30-11
ふたつには 38-10
よつには 39-1
五には 39-3
六には 39-4
八には 39-7
九には 39-8
[十]には 39-10
こう〈ふ〉には 40-2
まなこにも 6-1
ひとつにも 11-3
ひとつつ(ママ)にも 16-7

ひさう天までに 11-6

【活用する語に接続】

のふるに 2-1
ふるに 4-4
おつるに 6-5
ふるゝに 6-8
たらさるに 7-6
ゆくに 7-8
うしなふに 8-2
のそむに 8-3
うくるに 12-12
さゝむに 16-6
思に 24-2
もとむるに 24-4
観するに 24-5
するに 25-6
せう〈しよう〉するに 26-9
をはるに 34-4

ふるに　36-7
たてまつるに　37-9
しやうするに　37-10
ひくに　38-2
きくに　38-11
かそふるに　40-11
もとむるに　42-12
讃歎せん（シニヨテ）　21-6
うへきに　37-1
とかむに　34-12
ゐたらむに　35-8
【上接語が不明】
□［に］　37-12
ニカイ（二界）
にかいの　11-4
ニクム（憎）［動・マ四］
にくむへき　4-9
ニシユ（二種）→ニス（二種）
ニス（二種）
二すの　6-10
ニチ（日）→イチニチ（一日）・カ（日）
ニハカニ（俄）
にわ〈は〉かに　10-2
ニフダウ（入道）→ニンダウ（入道）
ニフヂヤウ（入定）→ザゼンニフヂヤウ
ス（坐禅入定）［動・サ変］
ニヨゼジフブツ（如是十仏）
如是十佛　21-4
ニヨライ（如来）
如來　23-9
如來の　18-3，22-7
ニンダウ（入道）
入道（ママ）　8-9
ニンチウ（人中）
人中　24-3
ニンテン（人天）
人天の　2-4
ニンニク（忍辱）
人にくと　39-3
にんにくの　30-8

ヌ

ヌ［助動詞］
さとナは　7-10
かへりにき　21-7
たう〈ふ〉とひにし　7-1
なりぬ　3-5，5-3，7-7
やみぬ　5-8
したかひぬ　12-12
おちぬ　16-2
いりぬ　16-4
しりぬ　24-10，25-8
とひさりぬ　26-5

おを〈を〉はりぬ　26-7
さめぬ　26-11
たえぬ　38-11
とけぬ　39-2
おちぬへかりき　22-1
くらひお〈を〉はりぬれは　4-7
なりお〈を〉はりぬれは　4-10
やとりのりぬれは　37-7
（したかひ）［ぬ］［れ］は　37-12
ヌク（抜）［動・ハ四］
ぬきて　25-3, 38-3

ネ

ネガハクハ（願）
ねかはくは　10-4, 22-9
ネガヒモトム（願求）［動・マ下二］
ねかひもとむる　36-1
ネガフ（願）→ネガハクハ（願）
ねかはす　9-7
ねかひて　7-4, 29-7, 32-9
ねかふと　35-6
ねかふなり　33-6
ネハン（涅槃）
ねはむを　15-4
ネハンス（涅槃）［動・サ変］
ねはむしたまひて　22-2
ネブリ（眠）
ねふりを　7-11
ネブル（眠）［動・ラ四］
ねふりて　8-3, 15-7
ネブン（念仏）
念佛の　35-1, 41-1
ねふんを　27-3
念佛を　41-7
ネブンサウオウ（念仏相応）
念佛さうを〈お〉うの　42-9
ネブンサムマイ（念仏三昧）
念佛三枚を　20-8, 23-2
ネム（念）
念を　22-7
ネムズ（念）［動・サ変］
念し　35-6
ねむして　35-5
念して　30-10
ねんすへきそ　36-6
［念］す［へ］（し）　17-1
ね［ん］（す）［へ］し　17-9
ねんする　39-6
ねんするなり　35-3
ねんせむ　19-4
念せよ　35-8
ネムブツ（念仏）→ネブン（念仏）
ネムブツサウオウ（念仏相応）→ネブン

サウオウ（念仏相応）
ネムブツサムマイ（念仏三昧）→ネブン
サムマイ（念仏三昧）
ネン（年）→ヒヤクネン（百年）
ネン（念）→ネム
ネンズ（念）［動・サ変］→ネムズ（念）
［動・サ変］
ネンブツ（念仏）→ネブン（念仏）
ネンブツサウオウ（念仏相応）→ネブン
サウオウ（念仏相応）
ネンブツサムマイ（念仏三昧）→ネブン
サムマイ（念仏三昧）

ノ

ノ［格助詞］→カノ（彼）・コノ（此）・コ
ノカタ（此方）・コノミ（木実）・ソ
ノ（其）・モロモロノ（諸々）・ワキ
ノシタ（腋下）
うへ〈忍〉の　1-8
くの　1-8, 6-3
くろかねの　1-4, 1-9
ちの　1-4
なにの　1-6
地の　2-4
人天の　2-5
みの　2-6, 14-5, 25-2
かなへの　2-8, 2-10
ふたつの　3-1, 9-6, 15-7
ひとつの　3-3, 3-3, 28-2, 28-11,
36-11
ゆはりの　3-5
大い（ママ）かいの　3-7
うちの　4-2, 26-9
みやうすの　4-2, 35-10
つかの　4-3
す丶の　4-6, 12-7, 31-2
む兩すの　4-8
ところの　5-4, 36-6
なつの　6-7
いけはきの　6-8
うしの　6-8
二すの　6-10
たの　7-7, 36-7, 40-11
む上〈常〉の　7-9
か［うへの］　7-12
きつねの　8-2
五すいの　9-3
かうへの　9-4, 40-9
うへの　9-4
もとの　9-6
はやしの　9-9
□（す）［の］　10-1
五めうの　10-2

すこしきの　10-5
五つの　10-6
をくせうの　10-7
地こくの　10-10, 11-2, 16-3, 34-9
しやうほう〈ふ〉念經の　11-1, 12-3
よ〈餘〉の　11-3, 38-11
五よくの　11-4
にかいの　11-4
たいもんの　11-6
しやうしの　11-9, 17-3, 18-5
よつの　11-11
こせの　12-2
五くの　12-4
三つの　12-10
ふゐの　12-10
すこし[の]　13-6
大しむ〈ふ〉經の　13-10
經の　14-3

いこう〈ふ〉の　14-4
むへむの　14-9
むらうの　14-10, 39-5
さうし[の]　14-11
人の　14-11, 31-5
む上の　15-3
いつゝの　15-6, 38-6
すこしの　15-10
(梵)天の　16-1
りよくの　16-1
むけんの　16-2
しねんの　16-2
やみの　16-4
三百の　16-5
あひこくの　16-6
一年の　16-6
ちくしやうの　16-8
しゝむらの　16-10

[一一]の　17-1
むみやうの　17-5
本かくの　17-6
(隨逐護念)の　17-12
如來の　18-3, 22-7
もんすしりの　19-2
みらいせの　19-3
十方の　19-7, 20-10, 23-1
と(ママ)方の　19-8
くわこの　19-9
む兩せの　19-9
□の　20-2
さうの　20-2
のちの　20-3
とうはうの　20-4
ほうゐとく上王佛の　20-5
大れ化の　20-5
諸佛の　20-7, 23-1

とう方の　20-11, 23-4
九わう佛の　21-8
よたりの　21-9, 23-9
ほとけの　21-10, 22-5, 34-12, 40-8, 42-8
ふせんの　21-11
そらの　22-1, 22-6
みけんの　22-6
さいせの　22-8
くわうみやうの　22-8
なんの　22-8
やまの　22-11
しむ〳〵の　23-2
めうきこくの　23-4
大〈第〉一の　23-5
なん方の　23-5
かんきこくの　23-6
大にの　23-6
さい方の　23-6
こくらくこくの　23-7
大〈第〉三の　23-7, 23-8
ほんはうの　23-8
れ化しやうこむこくの　23-8
みきの　23-9
くさこけの　24-4
となりの　24-7
わうの　24-8
ひくの　24-10, 25-9
よるの　25-1
ないりの　26-8, 26-9
百八の　27-1
わう上の　27-2
わう上の（こ）くらくの　27-5
あみた佛の　27-7, 27-8, 28-4, 28-6, 28-9, 28-11, 29-3, 29-5, 29-9, 30-1, 34-11, 36-6
とをの　27-9
あみ[た]佛の　28-2
ものヽ　28-3
經まんの　28-8
月の　29-4
さいにちの　29-4
ともの　29-5
ひはうの　29-10
むちの　29-11
かいの　30-5
一切の　30-7, 35-8
にんにくの　30-8
化丁の　30-8
一さいちの　30-10
そんちうの　30-12
かまんの　30-12
さつた（ママ）んの　31-2
十すの　31-4

心の　31-4
みつの　31-6
十せんの　31-8
三十の　32-3，32-6
まことの　32-3
三つの　32-5
む上道の　33-4
よの　34-1
さむ鬼の　34-4
十二ふ經の　34-5
すたいの　34-5
せんちしきの　34-10
十力の　34-11
つねの　35-1
念佛の　35-1，41-1
いくはくの　35-10
[みつ]からの　36-1
せむ五むの　36-1

あみたの　36-2
本月〈願〉の　36-2
菩薩の　36-3
そねむの　36-3
十念の　36-4
下品けさうの　36-4
むつの　36-9
りむすの　37-1
一念の　37-1
あくこ[う]〈ふ〉の　37-3
みやうりなるをもんての　37-3
いんさうの　37-4
りむす[の]　37-5
みやうりの　37-5
しんしちの　37-5
七の　37-6
ひの　37-6
かせほの　37-8

いたんの　37-9
すゆの　37-10
りむわう[の]　37-12
十ゐの　38-2
千の　38-2
ひとりの　38-2
さいの　38-5
ふしきの　38-6
千たん〈栴檀〉の　38-8
四十ゆすんの　38-8
いらんの　38-9
しゝ〈獅子〉の　38-10
こと〈琴〉の　38-10
いこむ〈一斤〉の　38-12
せんこむの　38-12
ひつしの　39-2
らいの　39-7
ちうすいの　39-8

みつの　39-9
百ねんの　40-2
ときの　40-3
くわゑ（ママ）ん（ママ）五む［經］の　40-11
ひとの　40-11
行の　41-1
さいせうの　41-2
せけんの　41-3
ほんふの　41-3
さいけの　41-6
いへの　41-6
すけの　41-8
上こむの　41-8
くさの　41-8
し丶〈鹿〉の　41-9
一の　41-9，41-9
中こむの　41-10
下こむの　41-11
たんをんの　41-11
あめの　42-1
山の　42-1
を〈お〉こりの　42-2
ほう〈ふ〉の　42-3
とう行の　42-4
大の　42-7
あなんの　42-7
はんの　42-8
せんの　42-9
念佛さうを〈お〉うの　42-10
かくのことき　11-10，14-10
せ丶むたいしのことき なり　41-9
かくのこときの　11-5，11-5，29-8，29-8，34-8，34-8
たうり天のこときは　9-2
ひふらせんのことくならむ　14-6
こほりのことくに　39-2
千ゆせんなのことし　2-7
せ丶むのことし　2-8
あしのことし　2-10
かくのことし　5-5，8-9
くさのことし　9-9
くわうを〈お〉ん殿のことし　12-6
もとのことし　25-5
まほろしのことし　35-6
さきの（こ）とし　37-6
ひのことし　40-4
ゆめのことしと　35-7
ノガラカス（逃）［動・サ四］
のからかさむと　24-6
ノガル（逃）［動・ラ下二］
のかれむ　8-3
ノキフス（退伏）［動・サ四］
のきふして　9-9
ノゾク（除）［動・カ四］

のそきたまへ　22-10
のそきてむ　27-1
のそく　30-5, 31-4
ノゾミ（望）
のそみ　37-11
ノゾム（望）［動・マ四］
のそむに　8-3
ノゾム（臨）［動・マ四］
のそみて　34-4
ノタマハク（曰）
の［たまわ］〈は〉く　23-10
ノチ（後）
ゝ〈の〉ち　4-2
のち　22-12
のちに　6-9, 15-5, 20-7
のちには　16-3
のちの　20-3
のちは　13-2
ノド（喉）
のと　6-11
ノブ（述）［動・バ下二］
のふるに　2-1
のへかたし　8-12
ノブ（延）［動・バ下二］
のへて　23-10
のへは　10-6
ノボル（上）［動・ラ四］→トビノボル（飛上）［動・ラ四］
ノミ［副助詞］
むしのみ　3-1
［こ］くこう〈ふ〉のみ　13-4
てらいたまふのみにあら（す）　18-1
ノル（乗）［動・ラ四］→ヤドリノル（宿乗）［動・ラ四］
のりて　38-1

ハ

ハ（羽）
は　16-10
ハ（歯）
は　6-11
ハ［係助詞］→アルイハ（或）・ネガハク ハ（願）・モシハ（若）
【活用しない語に接続】
いまは　1-6, 1-7
一は　2-3, 8-10, 30-2, 32-3, 32-6, 35-2, 36-1, 37-6
二は　2-4, 9-4, 30-4, 31-9, 32-4, 32-7, 35-3, 36-1, 37-7, 42-4
てあしは　2-10
むしは　3-3, 3-3
みは　5-4, 6-3

む上は　7-1
しきは　7-11
三は　9-5, 28-2, 30-5, 31-10, 32-4, 32-8, 35-4, 36-2, 37-8, 42-9
四は　9-6, 35-6, 37-11
いつゝは　9-6
[天](女)[は]　9-11
か[むろは]　10-1
を〈お〉んかくは　10-2
くは　10-10
く人は　12-5
のちは　13-2
ひとは　19-5, 34-12, 36-4, 41-6
くわう如來は　22-2
あすく佛は　23-4
ほうさう佛は　23-6
む兩す佛は　23-7
みめうしや佛は　23-8

ところは　25-5
五は　28-6, 30-8, 38-2
六は　28-9, 30-9
八は　29-3, 31-1
九は　29-6, 31-1
十は　29-9, 31-3
く人は　34-8
[四]は　36-3
をは　38-11
ものは　39-5, 39-6, 40-7, 41-8, 41-10, 41-11
しりさわ〈は〉　39-7
いさこは　39-10
しんは　40-3
行は　41-1
せんちしきは　42-6, 42-8
□[ふさには]　2-1
ほかには　3-9

うちには　3-10
ときには　5-9, 8-8, 11-2, 15-7, 38-8
三には　8-11, 38-11
一には　9-4, 31-7, 38-8
なかには　11-5, 14-11, 38-7, 41-1
こやには　15-8
のちには　16-3
一に[は]　17-2
ひとつには　27-10
四には　28-4, 30-7
七には　29-1, 30-11
ふたつには　38-10
よつには　39-1
五には　39-3
六には　39-4
八には　39-7
九には　39-8

[十]には　39-10
こう〈ふ〉には　40-2
いぬよりは　4-9
ふ上をは　4-2
あへるをは　8-6
ことをは　8-7
よをは　9-1
【活用する語に接続】
いふは　6-3, 11-9, 27-2, 32-2, 32-11, 33-3, 33-6, 33-10, 34-2, 34-7, 35-1, 36-6, 40-6, 41-3
たうり天のことときは　9-2
くちやふれすは　14-5
つとめすは　14-9
たゝすは　26-2
やそらかならすは　41-4
しからむは　42-8
バ[接続助詞]→タトヘバ(例)

【未然形接続】
あかさは　2-3
さとナは　7-10
あかさは　8-10
のへは　10-6
思はゝ　31-6, 32-3
きかは　42-11
きたらは(む)　34-10
【已然形接続】
すくれは　3-5
すてつれは　4-3
くらひお〈を〉はりぬれは　4-7
なりお〈を〉はりぬれは　4-10
みされは　5-7
みつれは　5-8
かきつれは　5-10
せうしつれは　5-11
いぬれは　7-6

ならふれは　16-6
思へは　19-9
いひしかは　26-10
たゝされは　27-8
そしれは　30-4
すれは　32-10
ゝ〈を〉こし(つ)れは　37-2
やとりのりぬれは　37-7
(したかひ)[ぬ][れ]は　37-12
きれは　38-3
いるれは　38-4
ふるれは　38-6
すれは　38-10
たゝけは　39-2
くうつれは　39-4
きけは　39-7
みつれは　39-8
かさりつれは　39-9

たかければ　42-3
く京すれは　42-4
ハイマウス（癈忘）［動・サ変］
はいまうする　30-11
ハウ（方）→ゲハウ（下方）・サイナムハウ（西南方）・サイハウ（西方）・サイホクハウ（西北方）・シハウ（四方）・ジフハウ（十方）・ジヤウハウ（上方）・トウナムハウ（東南方）・トウハウ（東方）・トウホクハウ（東北方）・ナムハウ（南方）・ホンハウ（北方）
はうに　42-11
バウシヤ（房舎）
はうしやう（ママ）を　29-4
バウセイ（昴星）
はく（ママ）せいを　39-7
ハウテウ（存疑）
はうてう　38-4
ハウトウ（方等）
はうとう　34-2
ハウトウキヤウテン（方等経典）→ダイジヨウハウトウキヤウテン（大乗方等経典）
はうとう経殿〈典〉を　32-11
ハウベン（方便）
方便を　24-6
バカリ［副助詞］
ひとはかりなるも　2-6
ふたりはかりなり　2-9
ハゲム（励）［動・マ四］→アヒハゲム（相励）［動・マ四］
ハサミアク（挟開）［動・カ下二］
はさみあけて　1-9
ハジメ（初）
はしめ　5-4, 6-3
ハジメテ（初）
はしめて　6-5
ハシリモトム（走求）［動・マ下二］
はしりもとめて　7-4
ハシル（走）→ハシリモトム（走求）［動・マ下二］
ハダカ（裸）
はたかに　41-4
ハチ（八）→ヤツ（八）
ハチカイ（八戒）→ハンカイ（八戒）
ハチジフオクアソウギコフ（八十億阿僧祇劫）
八十を〈お〉くあそうきこう〈ふ〉に　22-13
ハチマンジフニイツサイシヤウボフ（八万十二一切正法）
八萬十二［切］しやうほう〈ふ〉　17-11

ハツカイ(八戒)→ハンカイ(八戒)
ハツサイカイ(八斎戒)→ハンサイカイ(八斎戒)
ハナ(鼻)
はな　6-11
ハナカツラ(花鬘)
はなかつら　9-4
ハナツ(放)[動・タ四]
はなちて　21-7
ハナハダ(甚)
はなはた　5-7
ハナハダシ(甚)[形・シク活]
はなはたし　10-10
ハナル(離)[動・ラ下二]→イトヒハナル(厭離)[動・ラ下二]
はなる丶　31-2
はなれて　29-4
ハハ(母)
はゝ　13-1, 13-9
はわ〈は〉　24-2, 24-5
はわ〈は〉と　24-10
はわ〈は〉を　24-1
はへり[や]　25-11
バフ(奪)[動・ハ四]
ハマグリ(蚌)
はまくり　38-4
ハヤシ(林)
はやし　38-8
はやしの　9-9
はやしを　38-9
ハヤシ(早)[形・ク活]
はやき　7-9
ハラ(腹)
はら　6-11
ハラフ(払)[動・ハ四]
はらふ　37-4
[は]らふか(ことく)[して]　7-12
はらふかことくに　40-10
ハラミツ(波羅蜜)→ハラミン(波羅蜜)
ハラミン(波羅蜜)
(波羅)みん　17-9
ハラム(孕)[動・マ四]
はらむ　39-7
ハル(腫)[動・ラ下二]→ハレフクル(腫脹)[動・ラ下二]
ハレフクル(腫脹)[動・ラ下二]
はれふくれて　4-4
ハン(半)
はんの　42-8
ハンカイ(八戒)
はんかい　34-7
ハンサイカイ(八斎戒)
八さいかいを　29-1
はんさいかいを　33-7, 33-10

ハンシユキヤウ(般舟経)
はん□(舟カ)經に　42-10
ハンナ(般若)→ダイハンナ(大般若)
はんなを　34-2
ハンニヤ(般若)→ハンナ(般若)

ヒ

ヒ(火)
ひ　2-10, 34-9
ひの　37-6
ひのことし　40-4
ひを　8-8
[ひ]を　40-10
ヒ(日)
ひ　5-1
ひを　10-6
ヒク(引)[動・カ四]
ひくに　38-2
ビク(比丘)
ひく　21-9, 23-5, 23-6, 23-7, 23-8, 24-8, 25-6, 26-11
[ひ]く　24-1
ひくに　22-2
ひくの　24-10, 25-9
ヒサウテン(悲想天)
ひさう天までに　11-6
ヒシム(悲心)
ひ心を　30-5
ヒツジ(羊)
ひつしの　39-1
ヒト(人)→ツミビト(罪人)
ひと　2-9, 14-4, 16-4, 26-9, 29-8, 37-9, 37-12, 38-2, 42-2
ひと丶　6-9
人の　14-11, 31-5
ひとの　40-11
ひとは　19-5, 34-12, 36-4, 41-6
ひとはかりなるも　2-6
ヒトシ(等)[形・シク活]
ひとしくして　19-6
ヒトタビ(一度)
ひとたひ　38-10, 40-8
ヒトツ(一)→ヒトツヒトツ(一一)
ひ[と](つに)　17-12
ひとつとして　11-10
ひとつに　26-6, 27-6, 36-8
ひとつには　27-10
一には　9-4, 31-7, 38-8
一に[は]　17-2
ひとつにも　11-3
ひとつつ(ママ)にも　16-7
ひとつの　3-3, 3-3, 28-2, 28-11, 36-11

一の　41-9, 41-9
一は　2-3, 8-10, 30-2, 32-3, 32-6,
　35-2, 36-1, 37-6
[ひ]とつも　13-3
ひとつをも　29-2
ヒトツトコロ(一所)
ひとつところに　24-10
ヒトツヒトツ(一一)
[一一]の　17-1
ヒトヒ(一日)
ひとゐ〈ひ〉か　16-5
ヒトヘニ(偏)
ひとへに　18-4
ヒトヨ(一夜)
ひとよに　15-6
ヒトリ(一人)
ひとり　7-8, 10-3, 14-4
ひとりの　38-2
ヒバウ(誹謗)
ひはうの　29-10
ひはうを　30-7
ヒバウス(誹謗)[動・サ変]
ひはうせされとも　34-3
ヒビ(日々)
ひゝに　30-10
ビフラセン(毗布羅山)
ひふらせんのことくならむ　14-6
ビヤウ(病)
ヒヤウニ　8-5
ビヤウドウ(平等)
[ひ](や)うとう　17-10
ビヤクガウ(白毫)
白かうを　22-6
ヒヤクサイ(百歳)
百さいを　7-3
ヒヤクセンマン(百千万)
百千萬に　16-7
ヒヤクネン(百年)
百ねんの　40-2
ヒヤクハチ(百八)
百八の　27-1
ヒロシ(広)[形・ク活]
ひろく　1-4, 2-1, 24-6, 34-11
[ひ]ろし　8-12

フ

フ(経)[動・ハ下二]
ふる　36-10
ふるに　4-4, 36-7
へたり　14-9
フカシ(深)[形・ク活]
ふかき　32-4, 39-9
ふかく　12-2, 31-11, 32-12

フカシギ（不可思議）
ふかしきなり　38-7
フク（福）
フク（吹）［動・カ四］
ふくを　31-7
ふき　5-1
フクム（含）［動・マ四］
［、（ママ）］〈く〉［ま］すして　7-12
フクル（脹）［動・ラ下二］→ハレフクル（腫脹）［動・ラ下二］
フクロフ（梟）
ふくろう〈ふ〉　4-6
フケル（耽）［動・ラ四］
ふけらされ　31-1
ふける　5-5
フシ（節）→エダフシ（枝節）
フシギ（不思議）
ふしきの　38-6

フジヤウ（不浄）
ふ上　4-8
ふ上と　3-5
ふ上なり　3-7
ふ上をは　4-2
フス（伏）［動・サ四］→ノキフス（退伏）［動・サ四］
フゼン（不善）
ふせんの　21-11
フタツ（二）
ふたつ　2-3, 41-5
二に　6-3
ふたつには　38-9
ふたつの　3-1, 9-6, 15-6
二は　2-4, 9-4, 30-4, 31-9, 32-4, 32-7, 35-3, 36-1, 37-7, 42-4
フタリ（二人）
ふたりはかりなり　2-9

ブツ（仏）→アスクブツ（阿閦仏）・クワウシユトクブツ（広衆徳仏）・クワウブツ（空王仏）・クヱトクブツ（花徳仏）・サウトクブツ（相徳仏）・サムジヨウギヨウブツ（三乗行仏）・シヨブツ（諸仏）・センダントクブツ（梅檀徳仏）・ゼントクブツ（善徳仏）・ナモアミダブツ（南謨阿弥陀仏）・ナモブツ（南謨仏）・ニヨゼジフブツ（如是十仏）・ネブン（念仏）・ネブンサウオウ（念仏相応）・ネブンサムマイ（念仏三昧）・ホウサウブツ（宝相仏）・ホウセブツ（宝施仏）・ホウヰトクジヤウワウブツ（宝威徳上王仏）・ホトケ（仏）・ミメウシヤウブツ（微妙声仏）・ミヤウトクブツ（明徳仏）・ムウトクブツ（無憂徳仏）・ムリヤ

ウズブツ（無量寿仏）・ムリヤウミ
ヤウブツ（無量明仏）
フツカ（二日）
二日　4-3
ブツタフ（仏塔）
佛塔を　21-5
ブツホフ（仏法）→ブホフ（仏法）
フネ（船）
ふねに　37-7
ブホフ（仏法）
ふほう　38-7
フム（踏）［動・マ四］
ふむかことし　8-8
ブモ（父母）
ふもに　28-7，31-7
フユ（冬）
ふゆ　6-7
フル（触）［動・ラ下二］
ふる丶かことき　6-9
ふる丶に　6-7
ふるれは　38-6
フヰ（怖畏）
ふゐの　12-10
フンサウエ（糞掃衣）
ふんさうえなり　41-10

へ

へ［格助詞］
もとへ　29-5
ベシ［助動詞］
きよむへからす　3-8
みるへからす　6-1
たのしむへからす　11-8，11-11
（うたかふへか）らす　18-10
おちぬへかりき　22-1
にくむへき　4-9
ねんすへきそ　36-6
うへきに　37-1
あかすへし　2-6
しるへし　5-3，10-9，11-7，18-6
いとひはなるへし　8-9
丶(い)とふへし　11-10
しかるへし　14-10
もとむへし　15-4
す丶へし　15-6
やすむへし　15-7
もとむへし　15-9
みるへし　22-5
まかすへし　27-4
す丶へし　31-7
わう上すへし　32-3
なるへし　40-7
すへし　42-5

すちすへし　42-10
ね[ん](す)[へ]し　17-9
[念]す[へ](し)　17-1
あるへしと　25-1
ヘド(反吐)
へとを　5-10
ヘンズ(変)[動・サ変]
へムして　38-9
へんして　38-12
へんす　4-4, 5-2

ホ

ホウ(報)
ほうを　2-12, 12-2
ホウサウブツ(宝相仏)
ほうさう佛は　23-6
ホウシヤクキヤウ(宝積経)
ほう尺經に　6-4
ほうしやく經に　12-6
ホウセブツ(宝施仏)
寶施佛　21-2
ホウヰトクジヤウワウ(宝威徳上王)
ほうゐとく上わうと　19-10
ホウヰトクジヤウワウブツ(宝威徳上王仏)
ほうゐとく上王佛の　20-4
ホカ(外)
ほかには　3-9
ホカホカ(外外)
ほか〱に　4-11
ホクハウ(北方)→ホンハウ(北方)
ホクヱキヤウ(法華経)
ほけ經に　42-6
ホコ(矛)
ほこをもちて　16-5
ボサツ(菩薩)
菩薩の　36-3
ボサツシユ(菩薩衆)→ボサツス(菩薩衆)
ボサツス(菩薩衆)
菩薩すと　18-7
ホシキママ(恣)
ほしきまゝにして　41-6
ボダイ(菩提)
ほたいを　40-8
ボダイシム(菩提心)
菩提しむを　31-10
ホツグワン(発願)→ヱカウホツグワンシム(廻向発願心)
ホツパウ(北方)→ホンハウ(北方)
ホトケ(仏)→アミダホトケ(阿弥陀仏)
ほとけ　18-6, 19-1, 19-7, 19-9, 20-9, 22-9, 36-3

ほとけ□ 31–12
ほとけと 26–9
ほとけに 20–7, 20–11, 21–6
ほとけの 21–10, 22–5, 34–11, 40–8, 42–8
ほとけを 19–1, 19–4, 19–5, 31–3, 35–2, 35–3, 35–6, 35–8
(ほ)[と](けの) 23–11
ホドコス(施)[動・サ四]
ほとこすと 3–9
ホネ(骨)
ほね 16–10
ほねと 4–10
ほねを 14–5
ホノホ(炎)
(ほの)[を]〈ほ〉[丶] 7–12
ホフ(法)
ほう〈ふ〉にを〈お〉いて 30–7
ほうの 42–3
ほう〈ふ〉を 17–9, 26–4, 26–11, 28–10, 29–7, 30–5
ホフクヱキヤウ(法華経)→ホクヱキヤウ(法華経)
ホフシヤウ(法性)
ほ(ふしやうの) 18–4
ボムギヤウ(梵行)
ほむ經を 20–8
ほん行を 28–5
ボムテン(梵天)
(梵)天の 15–11
ボムブ(凡夫)
ほんふの 41–3
ホン(品)→ホム
ボン(梵)→ボム
ホンガク(本覚)
本かくの 17–6
ボンギヤウ(梵行)→ボムギヤウ(梵行)
ホングワン(本願)
本月の 36–2
ホンゴク(本国)
本こくに 21–7
ボンテン(梵天)→ボムテン(梵天)
ボンナウ(煩悩)
ほんなうを 27–1
ボンナウシム(煩悩心)
ほんなう心を 21–11
ホンハウ(北方)
北方 21–3
ほんはうの 23–8
ボンブ(凡夫)→ボムブ(凡夫)

マ

マウシム（妄心）
（ま）うしむ［に］（よりて）　17-3
マカス（任）［動・サ四］
まかすへし　27-4
マコト（誠）
まことの　32-3
マコトニ（誠）
まことに　8-9
マサニ（当）
まさに　5-3, 10-9, 11-7
マサル（勝）［動・ラ四］
まさ［れ］り　40-2
マジハリイヅ（交出）［動・ダ下二］
ましはりいてゝ　4-8
マジハル（交）［動・ラ四］→マジハリイヅ（交出）［動・ダ下二］
ましはる　36-7
マタ（又）
又　1-4, 3-4, 3-6, 4-2, 5-11, 6-9, 10-6, 11-7, 14-10, 16-4, 19-7, 29-11, 30-1, 32-1, 32-6, 33-3, 37-6, 38-6, 40-10, 41-8, 42-7
ゝ（ま）た　38-7
マタタク（瞬）［動・カ四］
またゝく　9-6
マヅシ（貧）［形・シク活］
（ま）づしき　37-9
マデ［副助詞］
いたるまて　3-7
七日まて　32-10
ときまて　35-10
ひさう天までに　11-6
マナコ（眼）
まなこにも　6-1
マネク（招）［動・カ四］
まねきて　13-8
マノカル（免）［動・ラ下二］
まのかるゝ　26-2
まのかれす　11-7
マボル（守）［動・ラ四］
まほりて　29-7
まほる　30-6
マボロシ（幻）
まほろしのことし　35-6
ママ（儘）→ホシキママ（恣）
マユ（眉）
［まゆ］　5-12

ミ

ミ（実）→コノミ（木実）

みを　39-8
ミ(身)
み　2-9, 4-4, 10-3
身　21-1
みと　2-8
みの　2-6, 14-5, 25-2
みは　5-4, 6-3,
みも　3-6
みを　2-11, 15-4, 16-5, 27-10,
　39-9
ミ(御)→ミモト(御許)
ミギ(右)
みきの　23-9
ミケン(眉間)
みけんの　22-6
ミチビク(導)[動・カ四]→アヒミチビ
　ク(相導)[動・カ四]
ミツ(三)
みつ　41-8
三　8-10
三には　8-11, 38-11
みつの　31-6
三つの　32-4
三は　9-5, 28-2, 30-5, 31-10, 32-4,
　32-8, 35-4, 36-2, 37-8, 42-9
ミツ(満)[動・タ四]
みちて　2-11
ゝ(み)つかことし　37-11
みてり　25-6
ミヅ(水)
みつ　7-9, 42-3
みつに　38-4
みつの　39-9
みつを　3-8
ミヅカラ(自)
みつから　13-6, 13-7, 36-1
[みつ]からの　36-1
ミナ(皆)
みな　3-5, 5-5, 9-8, 11-10, 12-12,
　26-10, 30-1, 35-8, 38-6, 38-9,
　38-11, 40-6
ミミ(耳)
みゝ　6-11, 8-2
ミメウシヤウブツ(微妙声仏)
みめうしや(ママ)佛は　23-8
ミモト(御許)
みもとにして　20-8, 21-8, 23-1
ミヤウ(命)
みやうを　2-12
ミヤウ(猛)
みやうなる　40-4
ミヤウガウ(名号)
みやうかうを　35-5
ミヤウジ(名字)

みやうしを　34-5
ミヤウシユ（明珠）→ミヤウス（明珠）
ミヤウジユ（命終）→ミヤウズ（命終）
ミヤウジユス（命終）［動・サ変］→ミヤウズス（命終）［動・サ変］
ミヤウス（明珠）
みやす（ママ）　16-9
ミヤウズ（命終）
みやうすの　4-2, 35-9
ミヤウズス（命終）［動・サ変］
みやうすして　20-4
ミヤウトクブツ（明徳仏）
明徳佛　21-4
ミヤウリ（猛利）
みやうりなるをもんての　37-3
みやうりの　37-5
ミユ（見）［動・ヤ下二］
みえす　12-10, 24-4
みえたり　5-3
ミライ（未来）
みらいも　14-9
ミライセ（未来世）
みらいせの　19-3
ミル（見）［動・マ上一］
みさる　5-8
みされは　5-6
みたてまつりき　23-1
みつれは　5-7, 39-8
［み］て　4-1
みて　22-7
みる　18-9, 39-5
みるへからす　6-1
みるへし　22-5

ム

ム［助動詞］→イハムヤ（況）・ウ［助動詞］・ムズ［助動詞］
たくはへつみあつめをさめむ　7-5
［い］てむ　8-1
のかれむ　8-3
ひふらせんのことくならむ　14-6
ねんせむ　19-5
あらむ　22-9, 41-5,
えてむ　26-3
のそきてむ　27-1
うけむ　28-5
きたらは（む）　34-10
あはむ　34-12
さまたけむ　41-7
をらむとする（ママ）　9-3

わけむと　13-1
いてむと　13-10
わたさむと　24-2
のからかさむと　24-7
あひみちひかむと　25-10
むまれむと　27-7, 31-6, 32-2, 32-9, 33-2, 33-6
をはらむと　34-9
さゝむに　16-6
とかむに　34-12
ゐたらむに　35-8
しからむは　42-8
心あらん　5-5
とふらはん　7-8
れいせん　9-1
わたらん　15-8
観せん　19-1, 19-5
讃歎せん（シニヨテ）　21-6
そむせんか　15-1
たいせんとする　11-1
あらんや　5-6
たのしまんや　6-2
えんや　8-7
たのしからさらんや　10-6
ムウトクブツ（無憂徳仏）
无優徳佛　21-1
ムカシ（昔）
むかし　2-11, 21-8
[む]かし　24-1
ムカフ（向）[動・ハ四]
むかひて　26-8
ムケン（無間）
むけんの　16-2
ムケンヂゴク（無間地獄）
むけむちこくに　37-2
ムサボル（貪）[動・ラ四]
むさほり　2-11, 15-2
ムシ（虫）
むし　4-8
むしのみ　3-1
むしは　3-3, 3-3
ムシキカイ（無色界）
むしきかい　8-11
ムジヤウ（無上）
む上の　15-3
ムジヤウ（無常）
む上の　7-9
む上は　7-1
ムジヤウダウ（無上道）
む上たうにして　29-10
む上道の　33-4
ムシロ（莚）
むしろに　7-11
ムズ[助動詞]

うけむする　24-9
ムスブ（結）［動・バ四］
むすふ　39-8
ムチ（無智）
むちの　29-11
ムチウツ（鞭打）［動・タ四］
むちうち　16-9
ムツ（六）
六には　39-4
むつの　36-9
六は　28-9, 30-9, 38-4
ムツブ（睦）［動・バ四］→アヒムツブ（相睦）［動・バ四］
ムナシ（空）［形・ク活］
むなしく　15-9
ムネ（胸）
むね　6-11
ムヘン（無辺）
むへむの　14-8
ムマ（馬）
むま　12-11
ムマル（生）［動・ラ下二］
むまる　27-9, 32-5
むまるゝより　6-3
むまれ　14-2
むまれて　6-5, 20-5
むま［れ］てより　36-10
むまれむと　27-7, 31-6, 32-2, 32-9, 33-2, 33-6
ムミヤウ（無明）
むみやうの　17-5
ムラウコフ（無量劫）
むらうこう〈ふ〉をや　14-7
ムリヤウ（無量）
む兩なり　16-8
むらうの　14-10, 39-5
ムリヤウコフ（無量劫）→ムラウコフ（無量劫）
ムリヤウシユ（無量種）→ムリヤウス（無量種）
ムリヤウジユブツ（無量寿仏）→ムリヤウズブツ（無量寿仏）
ムリヤウス（無量種）
む兩すの　4-8
ムリヤウズブツ（無量寿仏）
む兩す佛は　23-7
ムリヤウセ（無量世）
む兩せの　19-9
ムリヤウミヤウブツ（無量明仏）
无量明佛　21-3

メ

メ（目）

め　2-10, 6-11, 9-6
メウキコク(妙喜国)
めうきこくの　23-4
メウクワ(妙果)
めうくわと　40-6
メコ(妻子)
めこ　13-1
めこも　13-9

モ

モ[係助詞]↓シモ[副助詞]
みも　3-6
てんも　11-4
[ひ]とつも　13-3
めこも　13-9
みらいも　14-10
まなこにも　6-1
ひとつにも　11-3
ひとつつ(ママ)にも　16-7
ひとはかりなるも　2-7
かせよりも　7-9
くよりも　10-10
こまをも　7-1
ひとつをも　29-2
モシ(若)
もし　5-7, 5-11, 7-9, 14-9, 16-4, 19-4, 19-4, 19-5, 30-3, 32-2, 37-12, 39-3, 42-2, 42-3
モシハ(若)
もしは　6-4, 6-5, 33-10, 35-7, 35-8
モチテ(以)↓モンテ(以)
一偈もちて　21-5
なわ〈は〉をもちて　1-3
あみをもちて　1-3
ほこをもちて　16-5
つのをもちて　38-5
すちをもちて　38-10
つのをもちて　39-2
たまをもちて　39-9
モチヰル(用)[動・ワ上一]
もちゐる　1-6, 41-4
モツ(持)[動・タ四]↓モチテ(以)・モンテ(以)
モッテ(以)↓モチテ(以)・モンテ(以)
モッパラ(専)↓モンハラ(専)
モト(元・許)↓ミモト(御許)
もとに　41-8
もとの　9-6
もとのことし　25-5
もとへ　29-5
モトム(求)[動・マ下二]↓ネガヒモトム(願求)[動・マ下二]・ハシリモ

トム（走求）［動・マ下二］
もとむへし　15-4, 15-9
もとむる　27-2
もとむるなり　35-5
もとむるに　24-4, 42-12
もとめて　12-7, 24-6
モトモ（最）
モトモ　38-7
モノ（物・者）
もの　2-12, 5-5, 7-5, 10-8, 12-10,
13-3, 13-8, 19-4, 19-5, 19-5,
22-3, 27-3, 32-5, 37-7
ものと　7-7
ものに　38-6
ものゝ　28-3
ものは　39-5, 39-6, 40-7, 41-8,
41-10, 41-11
ものを　3-4, 15-1, 29-11, 31-8,
32-6, 37-9
ものをや　19-1
モハラ（専）→モンハラ（専）
モロシ（脆）［形・ク活］
もろくして　7-2
モロモロノ（諸）
もろ〳〵の　3-10, 11-2, 14-4, 15-3,
18-7, 22-12, 27-4, 30-2, 30-4,
30-11, 31-3, 31-9, 32-7, 33-7,
33-8, 34-2, 34-3, 35-9, 36-3,
36-11, 41-1
（もろ）〳〵（の）　9-11
モンジユシリ（文殊師利）→モンズシリ
（文殊師利）
モンズシリ（文殊師利）
もんすしりと　19-6
もんすしりの　19-2
モンテ（以）
あくこう〈ふ〉お〈を〉もんて　12-7
道けんをもんて　24-3
とくすとうをもんて　27-5
えふくをもんて□　27-11
自〈慈〉心をもんて　31-8, 32-6
くとくをもんて　33-2, 33-5
せんこむをもんて　33-9
大自ひをもんて　34-10
心をもんて　37-5
たとひをもんて　37-6
みやうりなるをもんての　37-3
モンハラ（専）
もんはらに　35-5
もんはらにしも　27-3

ヤ

ヤ［助詞］→イハムヤ（況）
［い］な［や］　25-11
はへり［や］　25-11
かなしきかなや　10-3
たのしからさらんや　10-6
むらうこう〈ふ〉をや　14-7
ものをや　19-1
せん五うをや　37-5
あらんや　5-6
たのしまんや　6-2
えんや　8-7
ヤク（焼）［動・カ四］
やく　2-11
ヤク（焼）［動・カ下二］
やけたる　1-10
ヤシナフ（養）［動・ハ四］
やしなひて　12-8
ヤスシ（易・安）［形・ク活］
やすく　7-11
すしやすくして　41-1
ヤスム（安）［動・マ四］
やすむへし　15-7
ヤスラカ（安）
やすらかならしめて　15-5
やすらかにして　7-3
ヤソラカ（安）
やそらかならすは　41-4
ヤツ（八）
八には　39-7
八は　29-3, 31-1
ヤドリノル（宿乗）［動・ラ四］
やとりのりぬれは　37-7
ヤハラグ（和）［動・ガ下二］
やはらけて　15-4
ヤブル（破）［動・ラ四］
やふらさる　29-2
ヤブル（破）［動・ラ下二］→クチヤブル
（朽破）［動・ラ下二］
ヤブレクツ（破朽）［動・タ上二］
やふれくちて　5-2
ヤマ（山）
山　10-7, 11-11
やまの　22-11
山の　42-1
ヤマヒ（病）
やま［ゐ］〈ひ〉に　17-5
やまゐ〈ひ〉（の）　18-3
ヤミ（闇）
やみの　16-4
ヤム（止）［動・マ四］
やみぬ　5-8

ユ

ユ（湯）
　ゆ　8-8
ユキツラナル（行連）［動・ラ四］
　ゆきつらなりて　1-1
ユク（行）［動・カ四］→ユキツラナル
　（行連）［動・ラ四］
　ゆいて　28-10, 42-12, 42-12
　ゆく　29-5
　ゆくに　7-8
ユジユン（由旬）→ユズン（由旬）
ユズン（由旬）→ゴヒヤクユズン（五百
　由旬）・シジフユズン（四十由旬）
ユゼンナ（踰繕那）→センユゼンナ（千
　踰繕那）
ユタカ（豊）
　ゆたかにして　37-11
ユバリ（尿）
　ゆはりの　3-5
ユメ（夢）
　ゆめのことしと　35-7
ユライ（由来）
　ゆら（いを）　17-3
ユヱ（故）→カルガユヱニ（斯故）
　ゆへ〈ゑ〉に　14-8, 37-3

ヨ

ヨ（世）
　よに　19-9
　よの　34-1
　よを　8-1, 13-10
ヨ（夜）→ヒトヨ（一夜）・ヨル（夜）
ヨ（余）
　よの　11-3, 38-11
　よをは　9-1
ヨウゴス（擁護）［動・サ変］→オウゴス
　（擁護）［動・サ変］
ヨカイ（欲界）
　よかい　8-10
ヨク（欲）→ゴヨク（五欲）・リヨク（離
　欲）
　よくにおきて　15-3
ヨク（能）
　よく　5-9, 12-9, 13-9, 19-4, 19-5,
　　29-4, 38-8, 38-12, 40-5
　□よく　40-2
ヨクカイ（欲界）→ヨカイ（欲界）
ヨクシム（欲心）
　よくしむ　5-8
ヨクシン（欲心）→ヨクシム（欲心）
ヨシ（良）［形・ク活］

よき　3-4, 29-5, 42-3
□［よき］　4-1
ヨタリ（四人）
よたりの　21-9, 23-9
ヨツ（四）
よつと　35-2
よつには　39-1
四には　28-4, 30-7
よつの　11-11
四は　9-6, 35-6, 37-11
［四］は　36-3
ヨツカイ（欲界）→ヨカイ（欲界）
ヨナカ（夜中）
よなか　15-7
ヨミガヘル（蘇）［動・ラ四］
よみかへる　38-6
ヨリ［格助詞］
わかきより　3-7
むまる丶より　6-3
わきのしたより　9-5
天上より　11-1
これより　20-6, 22-12
むま［れ］てより　36-11
いぬよりは　4-9
かせよりも　7-9
くよりも　10-10
ヨル（夜）→ヨ（夜）
よるの　25-1
ヨル（因）［動・ラ四］
讃歎せん（シニヨテ）　21-6
よりて　37-8
よる　36-1, 36-2
ヨロコビ（喜）
よろこひを　28-5
ヨロコブ（喜）［動・バ四］
よろこひて　37-10

ラ

ラ［接尾語］→イッサイスジヤウラ（一切衆生等）・トウ（等）・ナカラ（半）・ナムヂラ（汝等）・ワレラ（我等）
ライ（雷）
らいの　39-6
ライス（礼）［動・サ変］
禮し　21-5
らいしお〈を〉はりて　20-2
ライハイス（礼拝）［動・サ変］
らいはいする　19-4
ラウ（老）
らう　8-5
ラカ［接尾語］→ヤスラカ（安）・ヤソラカ（安）
ラム［助動詞］

おうこしたまふらむ　18-8
ラル[助動詞]
せめら(ママ)る　1-8
とらへられたるかことし　12-5

リ

リ[助動詞]
つつめり　3-10
かゝれり　10-4
ちやくせり　12-2
きたれり　13-7
かふさせり　19-8
化しやうせり　20-6
うはへり　24-8
みてり　25-6
せり　27-5
まさ[れ]り　40-3
いへり　41-2
かなへり　42-4
くせりと　16-3
はへり[や]　25-11
ころせ[る]　2-12
いたける　28-6
あへるをは　8-6
リ(人)→ヒトリ(一人)・ヨタリ(四人)
リムジユ(臨終)→リムズ(臨終)
リムズ(臨終)
れむすに　36-5
りむすの　37-1
りむす[の]　37-4
リヤク(利益)
りやくに　30-9
リヨク(離欲)
りよくの　16-1
リンジユ(臨終)→リムズ(臨終)
リンテン(輪転)
りむてん　14-3
リンワウ(輪王)
りむわう[の]　37-12

レ

レイス(例)[動・サ変]
れいせん　9-1
レグヱシヤウゴムコク(蓮華荘厳国)
れ化しやうこむこくの　23-8
レングヱ(蓮華)→ダイレグヱ(大蓮華)
レングヱシヤウゴムコク(蓮華荘厳国)
→レグヱシヤウゴムコク(蓮華荘厳国)

ロ

ロク（六）→ダイロク（第六）・ムツ（六）
ロクネム（六念）
　六年を　32-8
ロクネン（六念）→ロクネム（六念）
ロクハラミツキヤウ（六波羅蜜経）→ロクハラミンキヤウ（六波羅蜜経）
ロクハラミンキヤウ（六波羅蜜経）
　六はらみん經　10-9

ワ

ワウ（王）
　わう　24-7, 25-3, 25-7, 26-5
　[わ]う　37-10
　わうに　37-9
　わうの　24-8
ワウジヤウ（往生）
　わう上　27-9
　わう上の　27-2
ワウジヤウゴクラク（往生極楽）
　わう上の(こ)くらくの　27-5
ワウジヤウス（往生）[動・サ変]
　わう上す　28-2, 28-4, 28-6, 28-9, 28-11, 29-3, 29-6, 29-9, 30-1
　わう上すへし　32-3
　わう上する　31-5, 32-10, 36-5
　わう上せす　30-4
ワガ（我）
　わか　10-5, 21-1, 22-9
ワカシ（若）[形・ク活]
　わかきより　3-6
ワカツ（分）[動・タ四]
　わかたす　35-3
　わかちて　16-7, 35-1
ワカル（分）[動・ラ下二]→ワカレチル（分散）[動・ラ四]
ワカレチル（分散）[動・ラ四]
　わかれちりて　4-10
ワキノシタ（腋下）
　わきのしたより　9-5
ワク（分）[動・カ下二]
　わけむと　13-1
ワシ（鷲）
　わし　4-6

ワスル(忘)[動・ラ下二]
わするゝ　26-4
わすれ(たり)　17-6
ワタス[動・サ四]
わたさむと　24-2
ワタル(渡)[動・ラ四]
わたらん　15-8
わたるかことくに　42-5
ワレ(我)
われ　13-6, 19-9, 21-8, 22-5
[我]　9-11
われに　23-3
ワレラ(我等)
われら　1-7, 14-7

ヰ

ヰギ(威儀)
ゐき　33-12
ゐきを　31-10
ヰトク(威徳)
ゐとくを　34-11
ヰドコロ(居所)
ゐところを　9-6
ヰル(居)[動・ワ上一]
ゐて　16-2
ゐたらむに　35-8

ヱ

ヱカウス(廻向)[動・サ変]
ゑかうして　33-2, 33-5, 33-9
ヱカウホツグワンシム(廻向発願心)
ゑかう本月心なり　32-4
ヱカク(描)[動・カ四]
ゑかいたる　3-11

ヲ

ヲ(尾)
を　8-2
ヲ(緒)
をに　38-10
をは　38-11
ヲ[格助詞]
【活用しない語に接続】
あみを　1-1
う上を　1-2, 1-5
事を　1-2
かなはしを　1-9
くちを　1-9
か鬼たうを　2-3
すこしを　2-5
みを　2-11, 15-4, 16-5, 27-10,

39-9
たからを　2-11, 12-7, 40-11
みやうを　2-12
ほう〈報〉を　2-12, 12-2
かなしびを　3-1
七日を　3-2, 4-3
ものを　3-4, 15-1, 29-11, 31-8, 32-6, 37-9
一夜を　3-4
みつを　3-8
さうを　3-9, 5-6, 5-11, 35-1, 36-7
ことを　3-10, 8-3, 8-7, 10-3, 15-9, 20-7, 20-11, 21-6, 25-1, 25-8, 26-3, 31-5, 36-5
くそを　3-11, 5-8
（かた）[ち]を　4-1
とし月を　5-1

これを　5-7, 9-8, 25-5, 38-2, 38-3, 39-2, 39-4
いゐ〈ひ〉を　5-9
かを　5-10
へとを　5-10
くなうを　6-4
大くなうを　6-8, 11-2
百さいを　7-3
これかれを　7-8
ねふりを　7-11
（ほの）[を]〈ほ〉[丶]　7-12
よを　8-1, 13-10
こと[を]　8-1
きを　8-2
くひを　8-4
ひ〈火〉を　8-8
天たうを　8-10
いんそを　9-1

ゐところを　9-7
あはれひを　10-4
いのちを　10-5, 28-3, 39-5
ひ〈日〉を　10-6
ことはを　10-8, 19-2, 22-10, 29-8
あひを　11-7
うれへを　12-4
さいしを　12-8
くを　12-12, 13-1, 14-2, 24-6
つみを　13-6, 22-3, 22-9, 22-12, 24-9, 26-2
（つ）みを　13-7
あくを　14-2, 36-11
ほねを　14-5
こう〈ふ〉を　14-9
しんを　14-11
あちはひを　15-2
けうまんを　15-2

いとひを　15-3
ねはむを　15-4
さいかいを　15-6
しやうしを　15-8
しを〈ほ〉ヽ　15-10
たのしひを　16-1
くわうみやうを　16-3
ほう〈ふ〉を　17-9, 26-4, 26-11, 28-10, 29-7, 30-6
思ひを　17-12, 27-10
心を　17-12, 26-6, 27-6, 28-8, 29-10, 30-5, 30-6, 30-8, 30-9, 30-10, 30-12, 30-12, 31-2, 32-3, 32-3, 32-5, 33-4, 36-8
行さを　18-2
ほとけを　19-1, 19-4, 19-5, 31-3, 35-2, 35-3, 35-6, 35-8
ときを　19-9, 35-3

下を　20-3
ほむ經を　20-8
念佛三枚〈昧〉を　20-9, 23-2
三枚〈昧〉を　20-9, 23-2
佛塔を　21-5
像を　21-5
大くわうみやうを　21-7
たう〈道〉を　21-9
さうほう〈ふ〉を　21-10
ほんなう心を　21-11
上（ママ）を　22-4
白かうを　22-7
念を　22-7
五たいを　22-11
諸佛を　23-1
きへんを　23-3
てを　23-10, 26-5
いたヽきを　23-10

はわ〈は〉を　24-1
地こくを　24-4
方便を　24-6
ちヽを　24-7, 25-10
くにを　24-8, 25-11
ところを　24-10
かへを　25-2
なからを　25-2
つるきを　25-3
かうへを　25-4, 25-8
とかを　25-8
を〈お〉んしやうを　26-10
ほんなうを　27-1
諸行を　27-2
こくらくを　27-2
ねふんを　27-3
かいを　27-6, 28-5, 31-10, 33-7
かんきを　27-11

一切を　28-3
ほん行を　28-5
よろこひを　28-6
てらを　28-10
きを　28-11
八さいかいを　29-2
はうしやう（ママ）を　29-4
上かいを　29-6, 29-11
せん丁を　29-7
自身〈慈心〉を　30-2
行を　30-3, 30-3, 35-10
ひ心を　30-5
心〈身〉みやうを　30-6
ひはうを　30-7
せん五むを　31-2
さうを　31-4
とを丶　31-5
ふくを　31-7

こう〈ふ〉を　31-9
三鬼を　31-9
ゐきを　31-10
菩提しむを　31-11
いんくわを　31-11, 33-4
大せう〈しよう〉を　31-12, 33-1, 33-4
[行]さを　31-12
かい行を　32-7
大せうはうとう經殿〈典〉を　32-8
六年を　32-8
くとくを　32-9
はうとう經殿〈典〉を　32-12
いんかを　33-1
はんさいかいを　33-7, 33-10
五きやくを　33-8
しやみかいを　33-11
くそくかいを　33-12, 34-8
あは[れひ]を　34-1

あくこうを　34-2
はんなを　34-3
あくほう〈ふ〉を　34-3
みやうしを　34-5
たな心を　34-6
ゐとくを　34-11
神りきを　34-12
さうかうを　35-4
みやうかうを　35-5
上〈浄〉土を　35-5
上とを　35-6
いとなみを　35-9
さうゆを　36-4
十念を　36-7
それを　36-8
自〈字〉を　36-9
あゐ〈ひ〉たを　36-10
□とを　37-1

しやけんを　37-1
せむ五うを　37-4
千りを　37-8
なわ〈は〉を　38-2
かたなを　38-3
はやしを　38-9
あか丶ねを　38-12
たい五を　39-4
すくみやうちを　39-6
こゑを　39-7
は(ママ)くせいを　39-8
み〈實〉を　39-8
大事を　40-2, 40-5
あのくほたいを　40-7
なを　40-8
ほたいを　40-8
[ひ]を　40-10
くひものを　41-4

念佛を　41-7
しを　42-3
ふ上をは　4-2
あへるをは　8-6
ことをは　8-7
よをは　9-1
こまをも　7-1
ひとつをも　29-2
なわ〈は〉をもちて　1-3
あみをもちて　1-3
ほこをもちて　16-5
つのをもちて　38-5, 39-2
すちをもちて　38-10
たまをもちて　39-9
あくこう〈ふ〉お〈を〉もんて　12-7
道けんをもんて　24-3
とくすとうをもんて　27-5
えふくをもんて□　27-11

自〈慈〉心をもんて　31-8, 32-6
くとくをもんて　33-2, 33-5
せんこむをもんて　33-9
大自ひをもんて　34-10
心をもんて　37-5
たとひをもんて　37-6
むらうこう〈ふ〉をや　14-7
ものをや　19-1
せん五う〈ふ〉をや　37-5
【活用する語に接続】
すきたるを　7-10
いふを　8-4
さかしきを　42-5
みやうりなるをもんての　37-3
ヲカス(犯)[動・サ四]
丶〈を〉かし　34-8
丶〈を〉こ(ママ)さ丶る　31-10
ヲクセウ(沃焦)

を(ヲ)くせうの　10-7
ヲサム(収)[動・マ下二]→アツメヲサム(集収)[動・マ下二]
ヲシフ(教)[動・ハ下二]
をしへて　26-4
をしへよ　19-3
ヲシム(惜)[動・マ四]
丶〈を〉しまさる　30-6
ヲトコ(男)
をとこ　5-5, 6-5
ヲバ→ハ[係助詞]・ヲ[格助詞]
ヲハリ(終)
お〈を〉はり　5-4
ヲハル(終)[動・ラ四]
をはらむと　34-8
を(ママ)らむとする　9-3
すきお〈を〉はりて　3-2
らいしお〈を〉はりて　20-2
えをはりて　20-9
なしお〈を〉はりて　22-10
えお〈を〉はりて　23-3
お〈を〉はりぬ　26-7
くらひお〈を〉はりぬれは　4-7
なりお〈を〉はりぬれは　4-10
をはる　12-9
をはるに　34-4
ヲムナ(女)
女　5-5, 6-5

◎判読困難箇所一覧

欠落部分は□で表した。欠落部分の本文を推定した場合、（　）内に記した。文字の一部が欠失していて本文を推定した場合は［　］内に記した。

○くろかね(の)□　1-11
○□ふ[さには]　1-11
○いれたるかこと□　3-12
○□[よき](かた)[ち]を　4-1
○つと　5-2
○(あを)□　5-12
○[丶ま]すして　7-12
○(ほの)[を丶]　7-12
○[は]らふか(ことく)[して]　8-1
○□　8-1

○（い）つはり　8-3
○た（ち）まちに　8-4
○を（ほ）きに　8-5
○□しきかい　8-11
○（このもろ）〳〵（の）　9-11
○［天］（女）［は］　9-11
○□（す）［の］　10-1
○（のかれさるところ）□　11-12
○□て　12-1
○（つ）みを　13-7
○こう（ほ）う　13-8
○なき（な）り　13-9
○（つ）とめて　13-10
○□　13-11
○□　14-1
○いれたる□　15-11
○□（みつ）□　15-11

○（梵）天の　15-11
○［念］す［へ］（し）□　17-1
○（念ことにうたかひのこゝろを）　17-1
○（大乗の實智を）　17-2
○ゆら（いをしるへし一念の）　17-3
○（ま）うしむ［に］（よりて）　17-4
○し［や］うし（の界に入りてよりこのかた）　17-4
○（くらまされひさしく）　17-5
○（みちを）わすれ（たり）□　17-6
○とたひ□　17-7
○（十方一切諸佛）　17-7
○ね［んせ］□［つ］□　17-8
○こゝろ（を一にして）　17-8
○ね［ん］（す）［へ］し　17-9
○（三世佛母摩訶般若波羅）みん　17-9

○な［もひ］（や）うとう　17-10
○大□（妙法蓮華經な）も　17-10
○（次に隨逐護念）の　17-11
○［なし］（て）　17-12
○ひ［と］（つにして僧を念すへし）　17-12
○てらいたまふのみにあら（すみつから觀音勢至とともに）　18-1
○（擁護したまふいかに）　18-2
○やまゐ（のこにおいてをや）　18-3
○ほ（ふしやうの山をうこ）かして　18-4
○う（みにいるまさに）　18-5
○（大いなる光明を放）ちて　18-6
○と（もにきたりていんせふ）し　18-7
○（まとひさはりあひへたゝりて）

18-8
○（いへとも大きなる悲願）　18-9
○（うたかふへか）らす　18-10
○（決定してこの室にきたりいる）
18-10
○□　19-11
○□の　20-1
○［おほく］（し）［て］　22-1
○（なん）［ち］（ほ）［と］（けの）□
23-11
○□　24-1
○□（なも）［佛とせう］（し）［て］
26-1
○□　28-1
○□［し］て　28-1
○（をしへて）□　29-12
○［す］（丶む）るなり　31-12
○ほとけ□　31-12

○□（のしやういんなり）　32-1
○くとく□（けうや）うし
33-13
○□　35-11
○丶こし（つ）れは　37-2
○さきの（こ）とし　37-7
○（ま）つしき　37-9
○□［に］（したかひ）［ぬれ］は
37-12
○□　40-1
○（す）くなしと　40-4
○とく（の）ことし　40-5
○そ心（の）　40-6
○□ある　40-7
○（な）ると　40-9
○［すこし］（きのそとくあらはすな
はち）□　41-12
○［かな］（ら）［す］□　42-1

○はん□經に　42-10

◎訂正・墨消箇所一覧

墨消された字は「 」内に示した。
字が不明の場合は、□で表した。

○さと（墨消）「り（ナ）」は　7-10

○しやうらう（墨消）「のやま[ゐ]に（ヒヤウニ）」　8-5

○し（墨消）「□（ぬること）　」をは　8-7

○（墨消）「□」　10-5

○を（ヲ）くせう　10-7

※「を」の右傍に「ヲ」と訂正。

○（墨消）「ゝ（も）」の　12-10

○（墨消）「むへむ」　14-8

○（墨消）「下」　21-3

○（墨消）「味」　21-4

○讃歎せん（シニヨテ）　21-6

※「ん」の右傍に「シニヨテ」と訂正。

○たま（墨消）「ふといへとも（ひ）」て　22-3

○わう上の（こ）くらく　27-5

※「の」の右傍に「こ」と訂正。

○（墨消）「いん」　33-3

○きたらは（む）　34-10

※「は」の右傍に「む」と訂正。

○（墨消）「きるゝ（たゆるか）」か　38-3

○（墨消）「ひつし（こほり）」のことくに　39-2

○（墨消）「申（中）」に　39-9

○大（墨消）「□（事）」を　40-2

○大（墨消）「す（事事）」を　40-5

卅帖策子目録

仁王經念誦法

仁王経念誦法一巻

・金剛頂瑜伽金剛薩埵五秘密修行儀軌一巻

・不動使者秘密法一巻　題下注云一名難勝奮怒王真言

・金剛頂経瑜伽修習毗盧遮那三摩地法一巻　金剛智譯

右一帖第廿一帙

・文殊師利根本大教王金翅鳥王品一巻

摩訶吠室囉末那野提婆喝囉闍陀羅尼儀軌一巻　般若斫

・華厳経心陀羅尼一巻　東京上元懸高名寺三〻行衍和尚撰

右一帖第廿二帙

注尊勝陀羅尼一巻　此策子初有弘法大師六行餘梵真言後勘可知又有尊勝真言初有今時

[illegible]示[illegible]門[illegible]
言語甚可以文有某勝七言私在[illegible]
某等知事檢意心之所念求一行等
長行与相[illegible]
一金剛手光明灌頂経最勝立印聖無動尊大威怒王念誦儀
軌品一巻 不空函訳
右一帖第卅三帙
金剛頂経大瑜伽秘密心地法門義訣巻上一巻
右一帖第卅四帙
一大乗縁生論一巻 聖者鬱楞伽造 不空ゝ乙朱料也
一伽駄金剛吉祥一本
施諸餓鬼飲食及文法并讃仏陀羅尼一巻
[illegible]訶利帝母[illegible]

施諸餓鬼飲食及文殊并聞仏陀羅尼一巻

次訶利帝母梵字一巻

次梵字愛子一巻并消息有之

次施四天王食梵字一巻并消息有之

次施不動尊梵字一巻并消息有之

次梵字漢注八曼陀羅経

・次文殊師利根本大教王金翅鳥王品一巻　有第廿二帖中　疑薦本歟

・次聖閻曼徳迦威怒王立成大神験念誦法一巻　有梵字　但自恣頌与恒例異

・次有并結夏文頌并自恣頌　是并自恣頌歟

大威徳念怒王根本一巻　二墨云新句

大威徳念誦已根本壹巻　此異新訂

次説一切事有同類異類之由偈在之

次華厳和尚讃嘆回向文　頌付音聲對　物寶次等

右一帖无外題并帙名

聖迦抳忿怒金剛童子并成就儀軌経一巻　有點

・金剛王念誦儀軌経一巻

右一帖无外題并帙名

如意輪観門義注秘訣一巻　有梵字

瑜伽金剛頂経釈字母品一巻　有梵字

・大方広仏花厳経入法界品四十二字観門一巻　有梵字

37 大方広仏花厳経入法界品四十二字観門一巻　有梵字

38 大方広仏花厳経入法界品頓證毘盧遮那法身字輪瑜伽儀軌一巻

39 陀羅尼門諸部要目一巻　内有三部小児梵字　私云与前本同類

40 授菩提心戒文一巻　有梵字　私云与前同類

41 般若波羅蜜多理趣経大安楽不空真実金剛菩薩等一十七尊

42 大曼荼羅義述一巻　私云与前同類

43 金剛頂瑜伽経十八会指帰一巻　私云与前同類

44 金剛頂経金剛界大道場毘盧遮那如来自受用身内証智

45 眷属法身異名仏最上乗秘密三摩地礼懺文一巻　不空与前同類但未不定

右一帖元列題并撰名但表紙竟有件一帖目録

右一帖灵知題并恢名伝巻紀章有件一帖目録

文殊問経字母品第十四一巻 有梵字

瑜伽金剛頂経釈字母品一巻 有梵字

大方広仏花厳経入法界品四十二字観門一巻 有梵字 称之与前本紀 但前梵字略可反之

釈陀羅尼文字観門品法一巻 有朱點 後題之仁王般若 波羅蜜多釈志言

瑜伽瑜伽并摧魔怨敵法一本

右一帖灵知題并 恢名

梵字千手千眼千首千舌千臂観自在菩提薩埵

廣大円満無礙大悲心陀羅尼一本

梵字大金剛瑜伽之一本

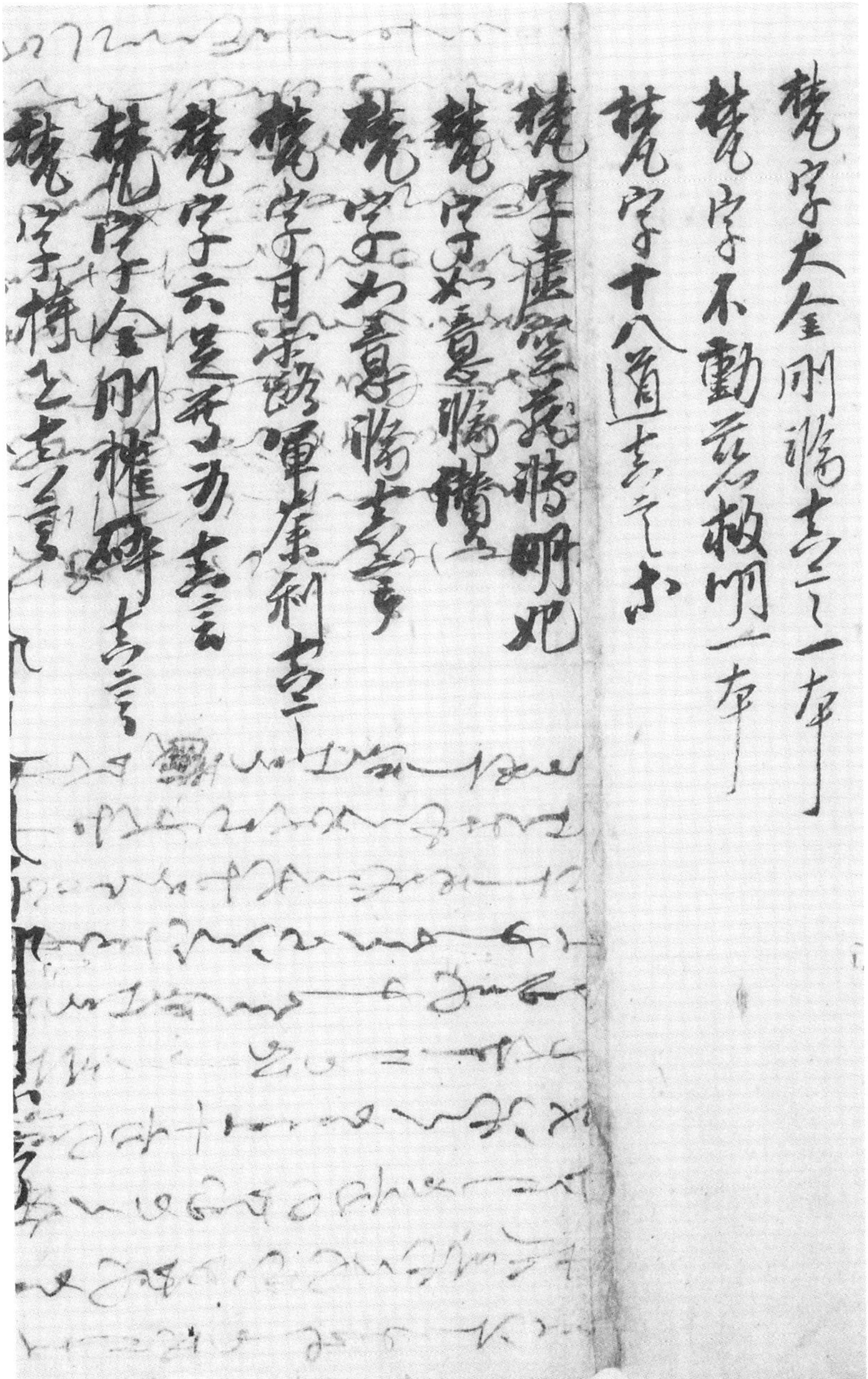

梵字大金剛輪真言一本
55 梵字不動慈救咒一本
56 梵字十八道真言一本
57 梵字虚空蔵持明妃
58 梵字如意輪讃
59 梵字如意輪真言
60 梵字甘露軍荼利真言
61 梵字六足尊真言
62 梵字金剛摧砕真言
63 梵字持世真言

梵字根本真言
次有梵字大士言
可加之真言可尋可求之
若随求頌可勘知之
梵字五古真言
梵字鈴真言
梵字三古真言
梵字獨古真言
梵字金剛部羯磨真言
梵字寶部羯磨真言
梵字蓮花部羯磨真言
梵字羯磨部羯磨真言
梵字小金剛輪真言

74 梵字普賢行願讃一巻 同心云ゝ闕 随心云ゝ下有功能䟽

75 次有梵字真言 私不知何本乎 私云可勘知之

76 梵字金剛般若経一巻

77 次有梵字真言無可知之

78 仏説出生无辺門陀羅尼儀軌 不空

79 梵字理趣道場十六菩薩三昧耶

80 梵字一字頂輪王儀軌

81 瑜伽吉慶讃 虵蝎等呪十真言

82 蚋蚑子真言 焚香献花香水等偈

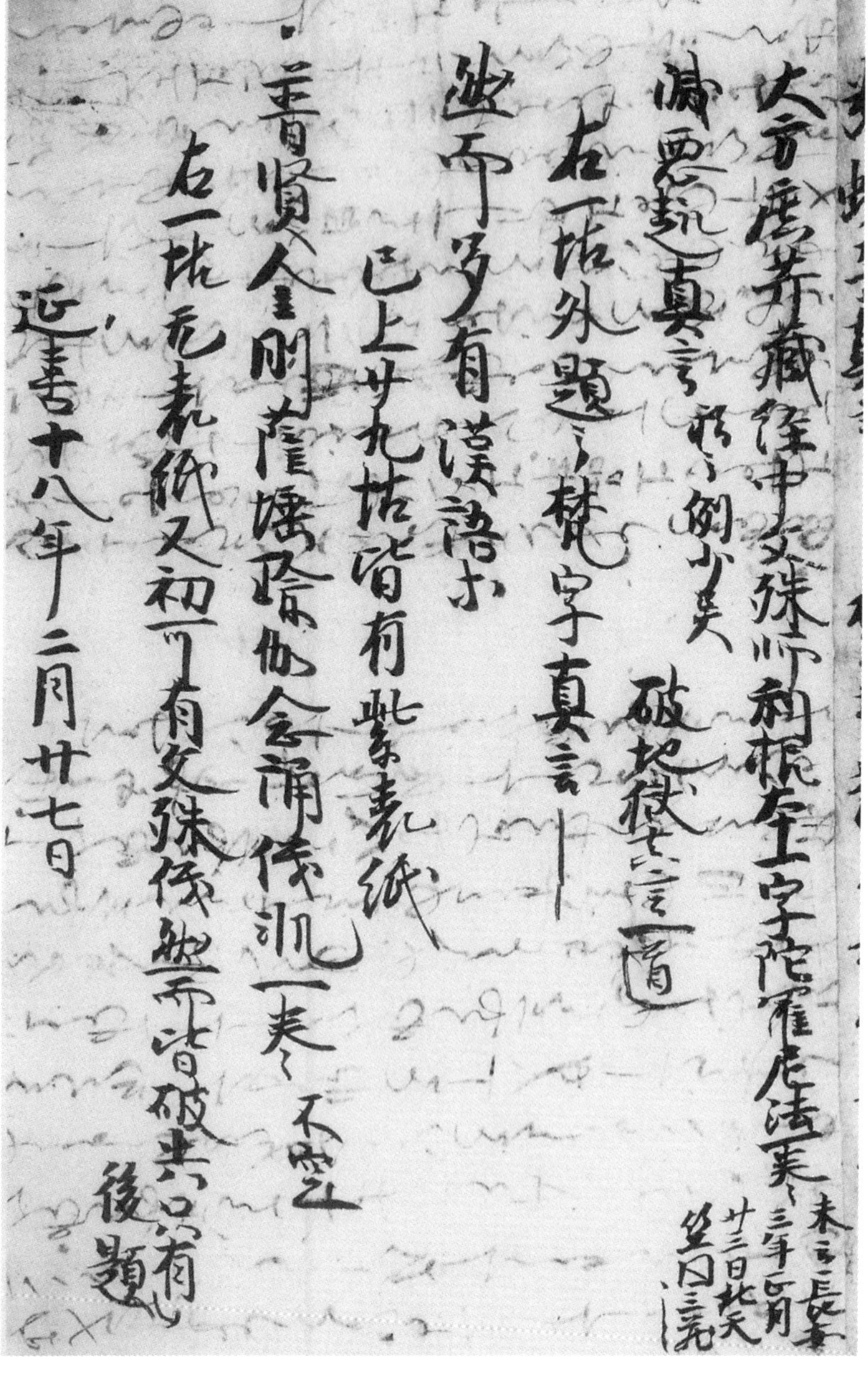
83 大方廣菩薩藏経中文殊師利根本一字陀羅尼法一巻〻 未云長寛三年五月廿三日於矢並日記
84 滅悪趣真言 形〻例小矣　破地獄真言一首
85 右一帖外題〻梵字真言——
86 然而多有漢語等
87 已上廿九帖皆有紫表紙
88 普賢金剛薩埵瑜伽念誦儀軌一巻〻 不空
89 右一帖元表紙又初可有文殊儀然而皆破其只有後題
90 延喜十八年十二月廿七日

延喜十八年十二月廿七日

左辨官下　東寺
應真言根本阿闍梨贈大僧正空海入唐求得
法文冊子参拾帖安置経蔵事
右右大臣宣奉　勅件法文宜令収経蔵不出
閫外令宗長者永代守護者寺宜承知依宣

96 行之不得疎略

97 延喜十九年十一月二日大史菅野朝臣清方

98 大辨橘朝臣澄清

99 延喜九年十月三日従内裏被給納仲策子等筥一合

100 有錦縫垂葱褐袋又有左弁官下東寺勅書一枚

101 請收 大和尚御策子卅帖

102 合参拾帖 之中廿九帖有黒紫色表紙 一帖元表紙

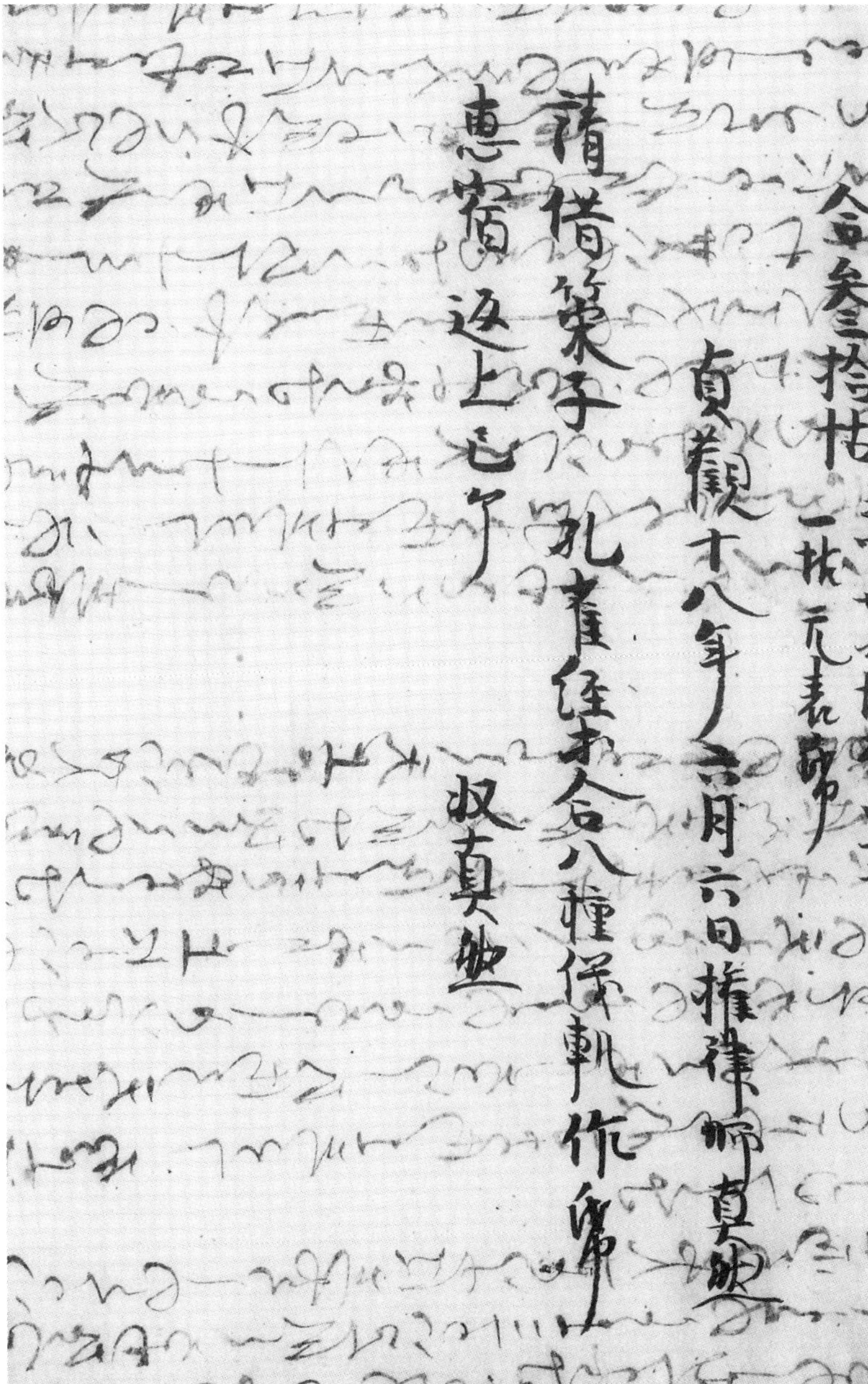

103 合参拾帖　一帖元表紙
貞観十八年六月六日権律師真然
104 請借策子　孔雀経并合八種儀軌作帋
105 恵宿　返上已了　収真然

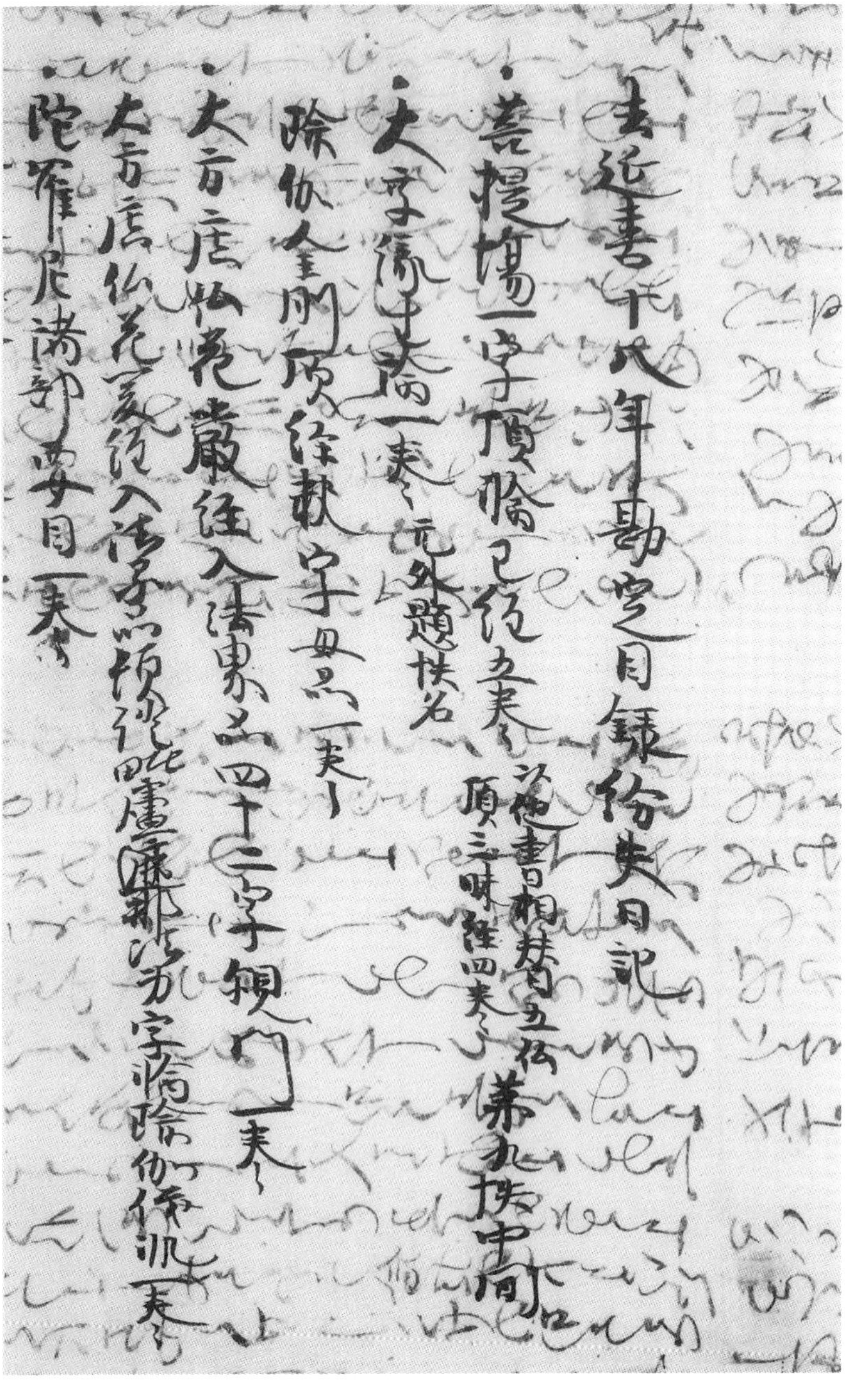
去延書十八年勘定目録紛失日記
・菩提場一字頂輪王経五巻　次他書相替五巻　頂三昧経四巻　兼九帙中同
文殊儀軌十大輪一巻　元外題扶名
除仏金剛頂経釈字母品一巻
・大方広仏花厳経入法界品四十二字観門一巻
大方広仏花厳経入法界品頓證毘盧遮那法身字輪瑜伽儀軌一巻
・陀羅尼諸部要目一巻

113 陀羅尼諸部要目一巻

114 發菩提心義文一巻

已上元挟名

115 文殊問経字母品第十四一巻

116 瑜伽金剛頂経釈字母品一巻

117 ●大方広仏花厳経入法界品四十二字観門一巻　与前同本

118 大方広仏花厳経入法界品四十二字観門一巻　有梵字可略　在奥

119 釈陀羅尼文字観行法品一巻

120 ●溥法論并摧魔怨敵法一巻

已上元挟名

治安二年十二月廿六日

治安三年十二月十六日

故仁和寺僧正件御策子被返納日記請文

治安三年七月　日以之竊僧權律師延尋奉

書請借件法經藏卅帖御策子則就仁和寺觀音院

開見之處本數卅帖雖有其員去延喜十八年般

若寺僧正被請納目録之内多以紛失尋其由之處

前ゝ被借下件御策子之日只計策子惣數不記

納目録近則去長和二年十二月十四日故禪林寺僧正

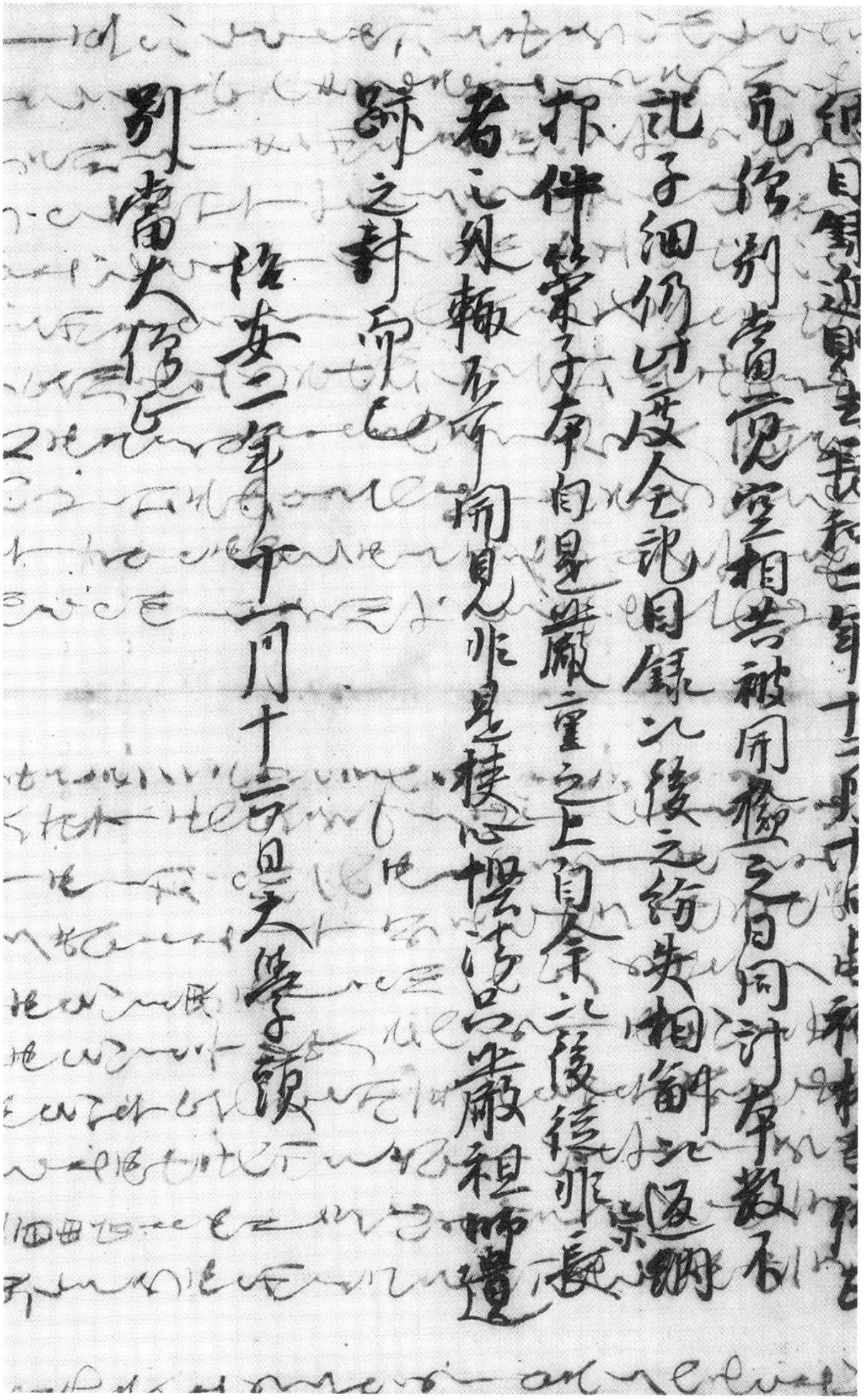

但目録返見去長和二年十二月廿日
見依別当覚空相共被開撿之日同討本数不
記子細仍此度令記目録以後之紛失相糺之返納
抑件策子本自是荘厳童之上自今以後徳宗非長
者之限輒不可開見非是棲心惜法之荘厳祖師遺
跡之計而已
治安三年十一月十二日大学頭
別当大僧正

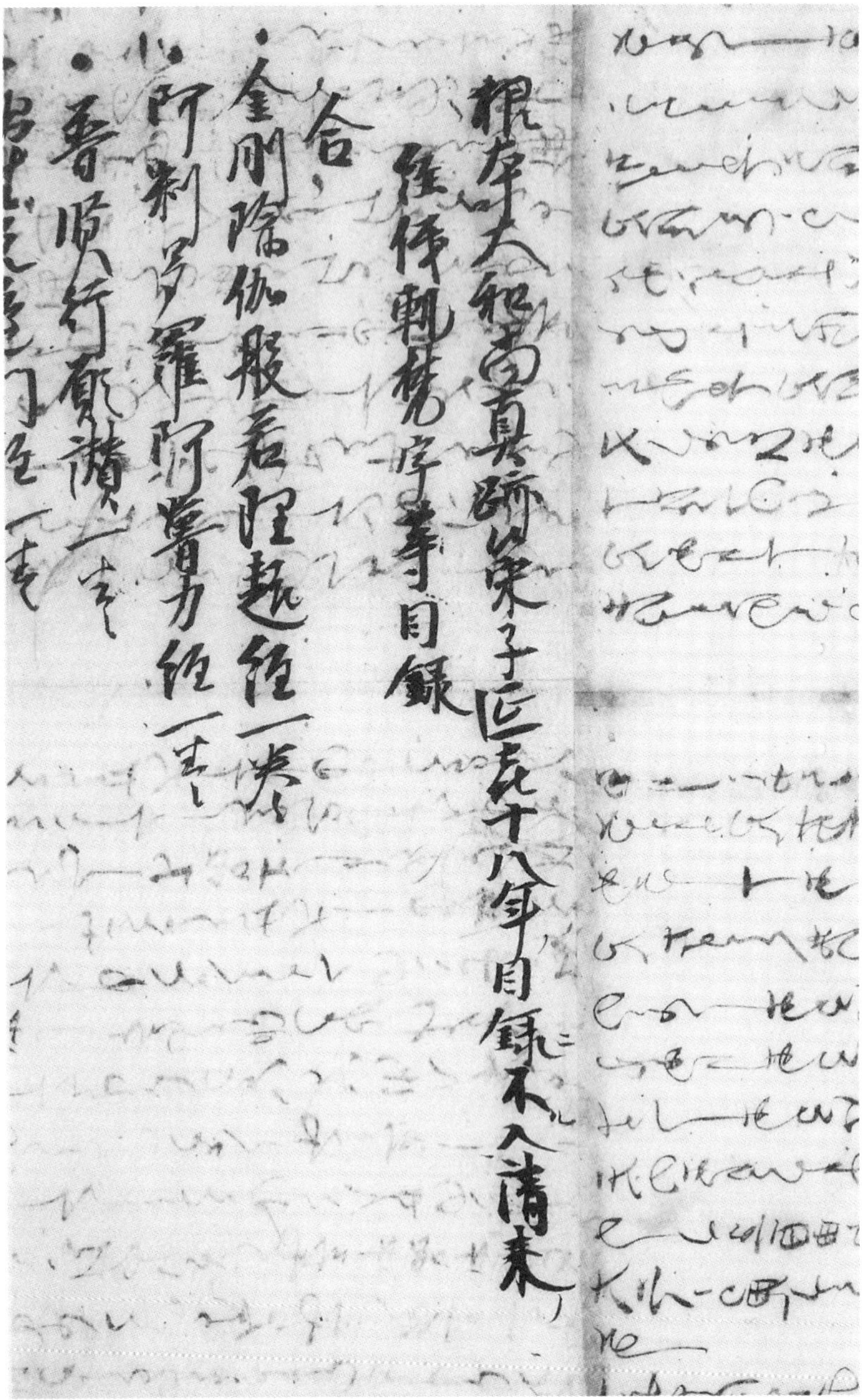
136 観宿大和尚真跡并弟子延喜十八年目録ニ不ㇾ入請来ノ
137 経伝軌儀序等目録
138 合
139 金剛[illegible]伽般若理趣経一巻
140 阿利多羅阿嚕力経一巻
141 普賢行願讃一巻

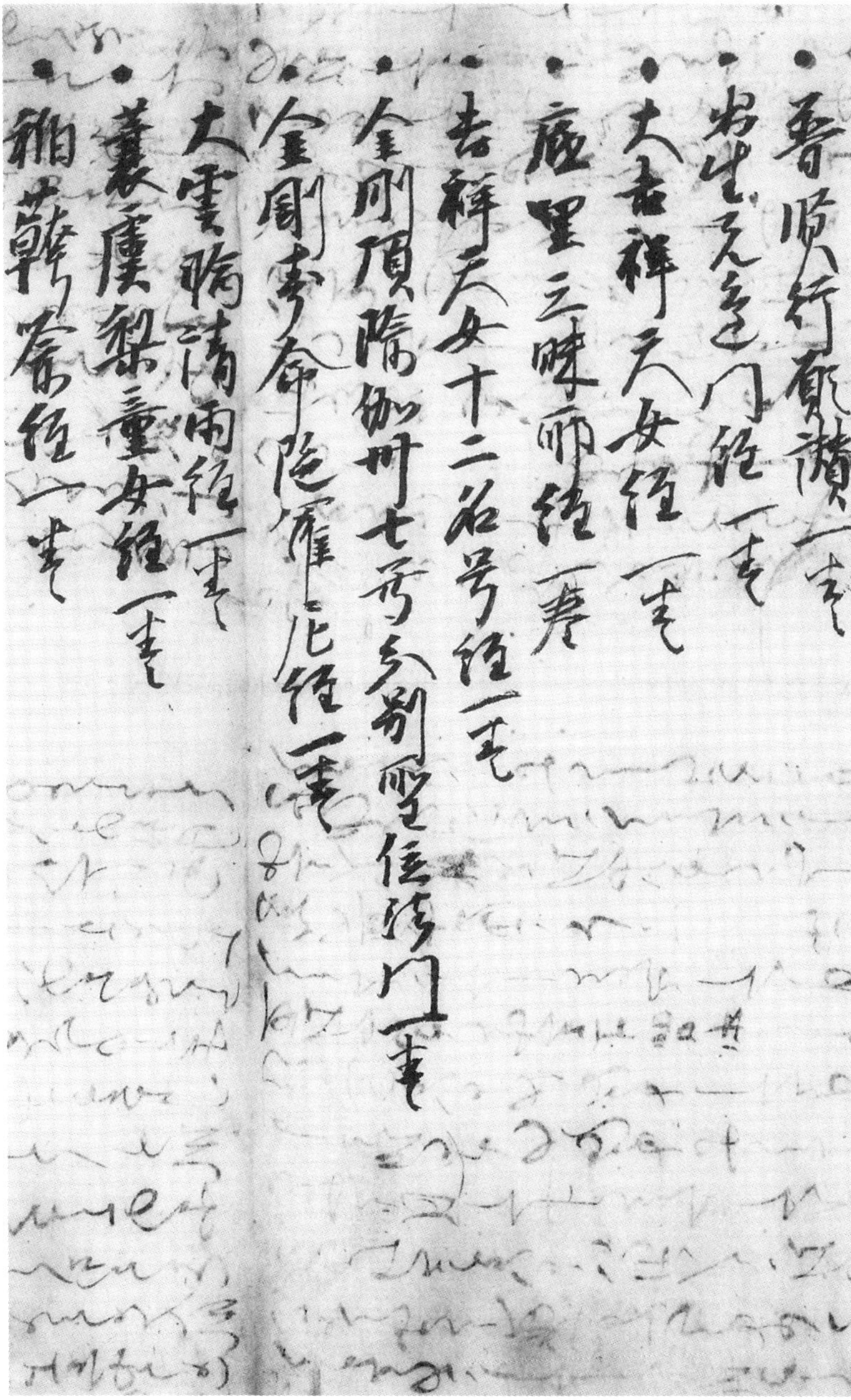

・普賢行願讃一巻
142 ・出生无辺門經一巻
143 ・大吉祥天女經一巻
144 ・底哩三昧耶經一巻
145 ・吉祥天女十二名号經一巻
146 ・金剛頂瑜伽卅七尊分別聖位法門一巻
147 ・金剛寿命陀羅尼經一巻
148 ・大雲輪請雨經一巻
149 ・蘘麌梨童女經一巻
150 ・稱讃[illegible]經一巻

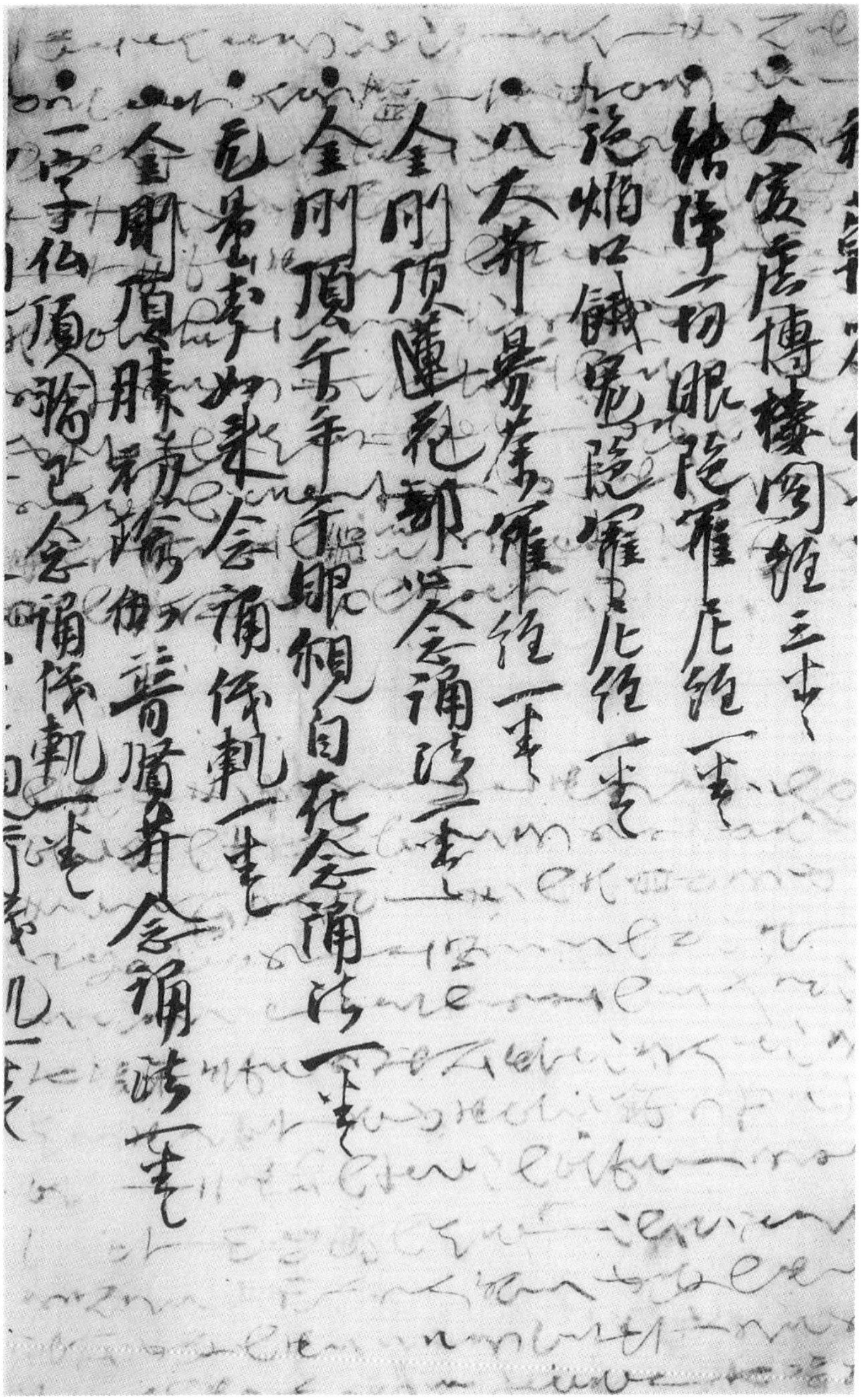

大宝広博楼閣経三巻
能浄一切眼陀羅尼経一巻
施焔口餓鬼陀羅尼経一巻
八大菩薩曼荼羅経一巻
金剛頂蓮花部心念誦法一巻
金剛頂千手千眼観自在念誦法一巻
無量寿如来念誦儀軌一巻
金剛頂勝初瑜伽普賢菩薩念誦法一巻
一字仏頂輪王念誦儀軌一巻

160 一字仏頂輪王念誦儀軌 一巻
161 聖観自在菩薩心真言観行儀軌 一巻
162 甘露軍吒利菩薩供念誦法 一巻
163 金剛頂瑜伽護摩儀軌 一巻
164 大虚空蔵菩薩所問経 八巻
165 文殊師利仏刹功徳荘厳経 三巻
166 金剛頂勝初瑜伽経中略出大楽金剛薩埵念誦儀軌 一巻
167 大仏頂如来放光悉怛他鉢怛羅陀羅尼 一巻
普遍光明大随求陀羅尼経 二巻
金剛頂超勝三界経説文殊五字真言勝相 一巻

168 金剛頂超勝三界経説文殊五字真言勝相 一巻

169 大威怒烏芻渋摩儀軌 一巻

170 仏説摩利支天経 一巻

171 大日経略摂念誦随行法 一巻

172 金剛頂瑜伽文殊師利菩薩儀軌供養法 一巻

173 曼殊室利童子菩薩五字瑜伽法 一巻

174 文殊師利菩薩及諸仙所説吉凶時日善悪宿曜経 二巻

175 脩習般若波羅蜜菩薩観行念誦儀軌 一巻

176 観自在大悲成就瑜伽蓮花部念誦法門 一巻

184 183 182 181 180 179 178 177

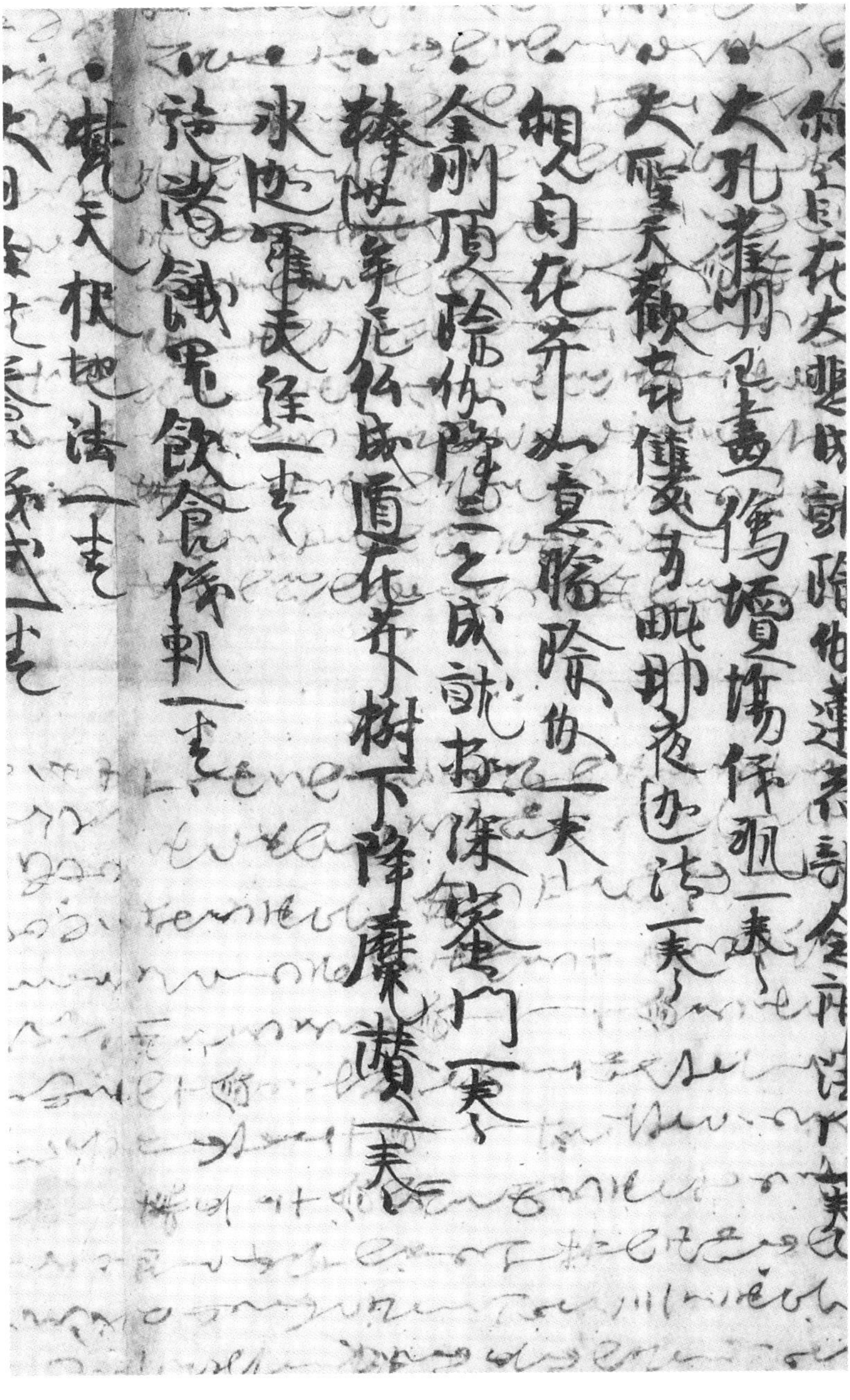

177 大孔雀明王畫像壇場儀軌一巻
178 大聖天歓喜雙身毘那夜迦法一巻
179 観自在菩薩如意輪陀羅尼一巻
180 金剛頂瑜伽降三世成就極深密門一巻
181 釈迦牟尼仏成道在菩提樹下降魔讃一巻
182 氷迦羅天経一巻
183 施諸餓鬼飲食儀軌一巻
184 梵天択地法一巻

185 大日経供養儀式一巻
186 蘇悉地経三巻
187 已上四十八部六十三巻　大三蔵之智訳
188 十力経一巻　勿提犀魚訳
189 十地経九巻
190 迴向輪経一巻
191 二部十巻　尸羅達摩訳
192 大威力烏樞瑟摩明王経二巻
穢跡金剛説神通大満陀羅尼法術霊要門一巻

193 穢迹金剛説神通大満陀羅尼法術霊要門一巻

194 二部二巻 元龍勝請

195 佛心経二巻 并留曽文請

196 諸仏心陀羅尼経一巻

197 龍戚阿羅千轉陀羅尼一巻

198 二十部 玄奘請

199 使呪法経一巻

200 毗那耶経一巻

201 金剛部元帥大将阿吒薄倶経二巻

大[illegible]陀羅尼一巻

202 文殊贓婬欲歎揚陀羅尼一巻

203 已上十二部廿四巻

204 都合六十部八十七巻

205 請来録不載係汎梵字木州柏策子二見在目録

206 合

207 第九秩内

208 灑浄等胎蔵界諸尊等真言并護摩真言金剛歌讃等

209 大聖歓喜天経一巻

大聖歓喜天法一巻

十八道頸次第

第十四帖

経法儀軌等策子目録

十五帖

用陀羅別偈一巻

第廿三帖　此策子初有引寸七紙本六行餘

注尊勝陀羅尼一巻　梵真言後勘可知　又有号勝書

言初有人々時安當寺知事状意心之所令本一行餘

長行与亘別等廿卅巻

長行与恒例本少異
一括 元久題横名
訖諸讃歎飲食及文殊并觀仏陀羅尼一巻
次訶利帝母梵字十字言
次梵字十愛子真言并消息等有之
次諸四天王合眾梵字十二言并消息有之
次諸不動尊梵字十二言并消息有之
次梵字漢字法華八思陀羅尼経
但自恣頌与恒例異
并請表頌并自恣頌 是并自恣頌物
大威徳念怒王眞本十六言

大威徳忿怒王根本十六之
次訖世界有同類異類之由偈在之
次花文和尚讃嘆迴向文 就此音聲對 物變次第
一帖无外題快名
大方広仏花厳経四十二字観門一巻 有梵字秘之与一前本 般但无有梵字臨可尋之
梵陀羅尼文字観行品一巻 後題云仁王般若波羅蜜多経六言
一帖外題云梵字真言 無首有漢語等
梵字無等雷音千眼千首千舌千臂観自在菩薩経
縛廬大回波无殊大悲心陀羅尼一本
梵字大金剛大輪明王大言一本

梵字大金剛輪真言一本上

梵字不動慈救呪一本上

梵字十八道真言等

梵字虚空蔵轉明妃

梵字如意輪讃

梵字如意輪心真言

梵字甘露軍荼利真言

梵字尚足之安多力真言

梵字大金剛摧碎真言

梵字持世真言了

梵字持世真言一

汝有梵字大真言 凡外又有五郎可求之 若随求歟可勘知之

梵字五肪七一

梵字鈔真言

梵字三肪真言

梵字偈肪十六言

梵字金剛部羯磨十三一

梵字大菩提達磨藏十二一

梵字菩薩生此文心真言

梵字同随心真言 下有功能

梵字十一面観世七一

253 梵字寶部羯磨之十二

254 梵字蓮花部羯磨之十六

255 梵字羯磨部羯磨之十六

256 梵字大金剛輪十六

257 次有梵字真言 以外不可用 記云 可勘知之

258 梵字大金剛解脱十六

259 次有梵字真言 可勘之

260 梵字理趣通偈十六并三昧耶

261 漢語吉慶讃

漢語吉慶讃

262 蛇蝎等嗟真言

263 掛蚊子真言

264 焚香散花香水偈

265 滅悪趣真言一通 私云例廿巻

266 破地獄真言一通

267 已上

268 至

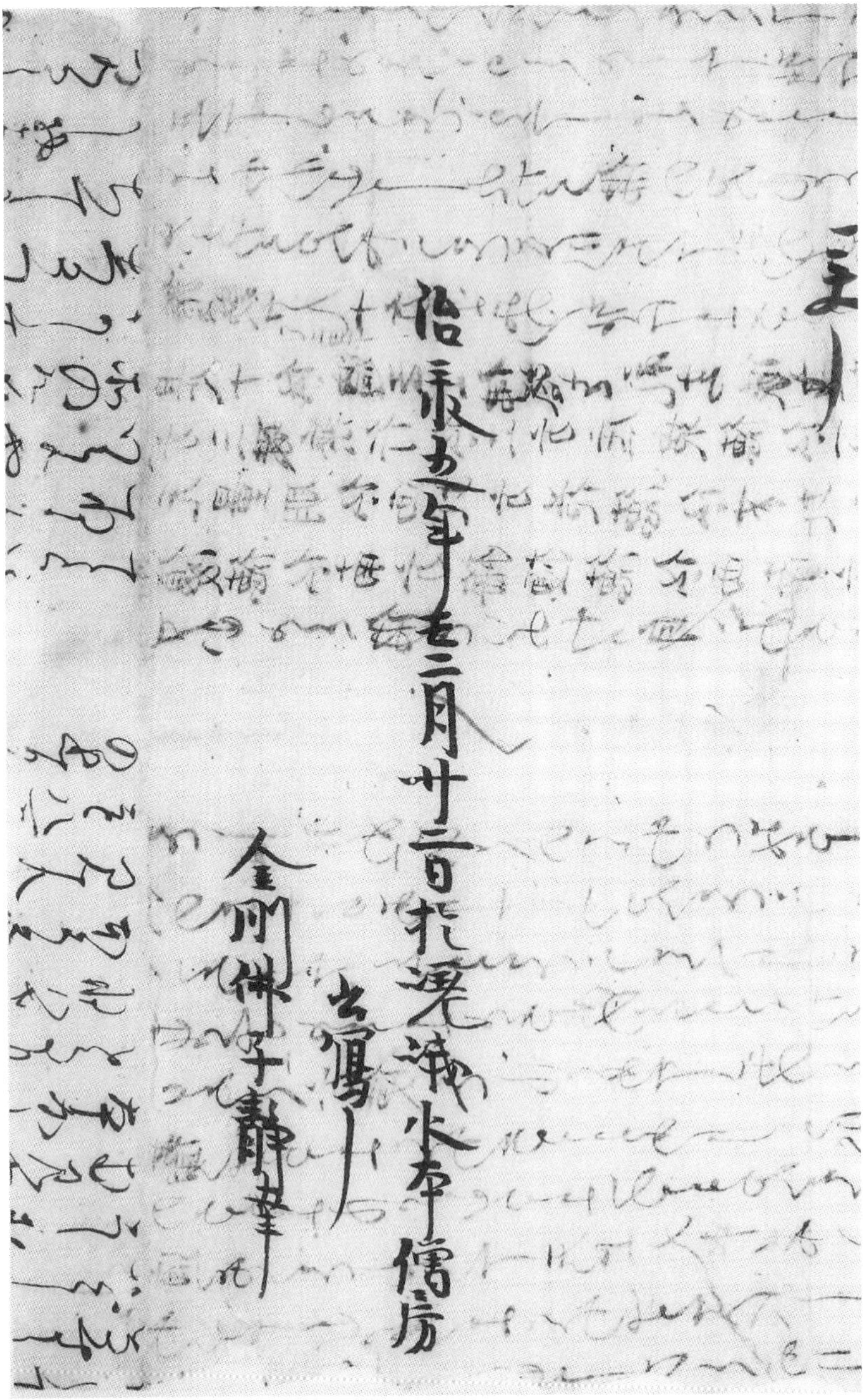
治承五年二月廿三日於蓮華水本僧房
書寫了
金剛佛子静寂

卅帖策子目録　翻字本文

（凡例）

一、小字は〈 〉で括って示した。
一、欠損していて読めない字は□で示した。
一、卄（菩薩）、卉（菩提）などの抄物書はそのまま記した。
一、梵字はその字数を［梵字四字］のように［ ］内に示した。
一、＊印「仁王經念誦法」は、『卅帖策子目録』の裏面に書かれている外題である。

仁王經念誦法*

1 仁王經念誦法一卷　□□□
2・金剛頂瑜伽金剛薩埵五祕密修行儀軌一卷
3・不動使者祕蜜法一卷〈題下注云一名難勝奮怒王眞言〉
4・金剛頂經瑜伽修習毗盧遮那三摩地法一卷〈金剛智譯〉
5 右一帖第廿一帙
6・文殊師利根本大教王金翅鳥王品一卷
7 摩訶吠室羅末那野提婆喝羅闍陀羅尼儀軌一卷　〈慧輪□〉
8・華嚴經心陀羅尼一卷　〈未云上元懸高公寺广訶衍和尚授〉
9 右一帖第廿二帙
10 注尊勝陀羅尼一卷　〈此策子初有［梵字四字］等六行餘梵眞／言後勘可知又有尊勝眞言初有爾時／世尊知帝釋意心之所念等一行□（誦カ）／長行與恆□（例カ）□□□〉
11・金剛手光明灌頂經最勝立印聖无動尊大威怒王念誦儀

12 軌品一巻〈不空遍智云〉

13 　右一帖第廿三帙

14 金剛頂經大瑜伽祕密心地法門義訣卷上一巻

15 　右一帖第廿四帙

16・大乘縁生論一巻〈聖者鬱楞伽造／不空云以朱科段也〉

17・伽馱金剛眞言一本

18 施諸餓鬼飲食及文殊𦬇(菩薩)獻佛陁羅尼一巻

19 次訶利帝母梵字眞言

20 次梵字愛子眞言并消息等有之

21 次施四天王食梵字眞言并消息有之

22 次施不動尊梵字眞言并消息有之

23 次梵字漢注八曼陀羅經

24・次文殊師利根本大教王金翅鳥王品一巻〈有第廿二帙中／疑前本歟〉

25・次聖閻曼德迦威怒王立成大神驗念誦法一巻〈有梵字〉

26・次有𦬇結夏頌并自恣頌〈但自恣頌與恆例異／是𦬇自恣頌歟〉

27 大威德忿怒王根本眞言〈以墨斷句〉

28 次記世界有同類異類之由偈在之

29 次華嚴和尚講前廻向文〈願此音聲對／物變次等〉

30 　右一帖无外題并帙名

31 聖迦抳忿怒金剛童子𦬇成就儀軌經一巻〈有點〉

32・金剛王念誦儀軌經一巻

33 　右一帖无外題并帙名

34 如意輪觀門義註祕訣一巻〈有梵字〉

35 瑜伽金剛頂經釋字母品一巻〈有梵字〉

36・大方廣佛花嚴經入法界品四十二字觀門一巻〈有梵字〉

37 大方廣佛花嚴經入法界品頓證毗盧遮那法身字輪瑜伽儀軌一巻

38・陀羅尼門諸部要目一巻〈內有三部小呪梵字／私云□(與カ)前本同歟〉

39・授發𦬊(菩提)心戒文一巻〈有梵字私云與前同歟〉

40・般若波羅密多理趣經大安樂不空眞實金剛𦬇等一十七聖
41 　大曼荼羅義述一巻〈私云與前同歟〉

42・金剛頂瑜伽經十八會指歸一巻〈私云與前同歟〉

43 金剛頂經金剛界大道場毗盧遮那如來自受用身內證智

44　眷屬法身異名佛最上乘祕密三摩地禮懺文一卷〈不空與前／同歟但未／不定〉
45　右一帖无外題幷帙名但表紙裏有件一帖目錄
46　文殊問經字母品第十四一卷〈有梵字〉
47・瑜伽金剛頂經釋字母品一卷〈有梵字〉
48　大方廣佛花嚴經入法界品四十二字觀門一卷〈有梵字私云與前本歟／但以有梵字輪可爲異〉
49　釋陀羅尼文字觀行品法一卷〈有朱點後題云仁王般若／波羅密多釋眞言〉
50・轉法輪卄摧魔怨敵法一卷
51　右一帖无外題幷帙名
52　梵字世尊聖者千眼千舌千臂觀自在菩提薩埵轉廣大圓滿无礙大悲心陀羅尼一本
53
54　梵字大金剛輪眞言一本
55　梵字不動慈救明一本
56　梵字十八道眞言等
57　梵字虛空藏轉明妃
58　梵字如意輪讃
59　梵字如意輪眞言
60　梵字甘露軍荼利眞言
61　梵字六足尊身眞言
62　梵字金剛摧碎眞言
63　梵字持世眞言
64　次有梵字大眞言〈[梵字七字]等云ゝ／若隨求歟可勘知之〉
65　梵字五古眞言
66　梵字鈴眞言
67　梵字三古眞言
68　梵字獨古眞言
69　梵字金剛部羯磨眞言
70　梵字寶部羯磨眞言
71　梵字蓮花部羯磨眞言
72　梵字羯磨部羯磨眞言
73　梵字小金剛輪眞言
74　梵字卄莊嚴眞言同心ゝゝ同隨心ゝゝ〈下有功能義〉
75　次有梵字眞言〈[梵字六字]／[梵字一字]云ゝ可勘知之〉

76 梵字金剛解脫眞言

77 次有梵字眞言勘可知之

78・佛說出生无邊門陀羅尼儀軌〈不空云〉

79 梵字理趣道場十六𦬇三昧耶

80 梵字一字頂輪王儀軌

81 漢語吉慶讚　蚍蝎等噬上具〔眞〕言

82 斷蚊子眞言　焚香散花香水等偈

83 大方廣𦬇藏經中文殊師利根本一字陀羅尼法一卷〈未云
長安／三年正月／廿三日北天／竺國三藏／云々〉

84 滅惡趣眞言〈私云例少異〉破地獄眞言一通

85 右一帖外題云梵字眞言――

86 然而多有漢語等

87 已上廿九帖皆有紫表紙

88・普賢金剛薩埵瑜伽念誦儀軌一卷〈不空〉

89 右一帖无表紙又初可有文殊儀然而皆破失只有／後
題

90 延喜十八年二月廿七日

91 左辨官下　東寺

92 應眞言根本阿闍梨贈大僧正空海入唐求得

93 法文册子參拾帖安置經藏事

94 右右大臣宣奉　勅件法文宜全收經藏不出

95 閫外令宗長者永代守護者寺宜承知依宣

96 行之不得疎略

97 延喜十九年十一月二日大史菅野朝臣淸方

98 大辨橘朝臣澄淸

99 延喜十九年十一月二日從內裏被給納件筞子革筥一
合

100 有錦縫立莬褐袋又有左辨官下東寺敕書一枚

101 請收　大和尚御筞子事

102 合參拾帖〈之中廿九帖有黑紫色表帋／一帖无表帋〉
103 　貞觀十八年六月六日權律師眞然
104 請借策子　孔雀經等合八種儀軌作帋
105 惠宿返上已了　　　收眞然

106 去延喜十八年勘定目錄紛失日記
107・菩提場一字頂輪王經五卷〈以他書相替五佛／頂三昧經
四卷〉第九帙中間
108・大尊緣生論一卷〈无外題帙名〉
109 瑜伽金剛頂經釋字母品一卷
110・大方廣佛花嚴經入法界品四十二字觀門一卷
111・大方廣佛花嚴經入法界品頓證毗盧遮那法身字輪瑜伽儀
軌一卷
112・陀羅尼諸部要目一卷
113・授發卉心戒文一卷
114 　已上无帙名

115・文殊問經字母品第十四一卷
116 瑜伽金剛頂經釋字母品一卷
117・大方廣佛花嚴經入法界品四十二字觀門一卷〈與前同歟〉
118 大方廣佛花嚴經入法界四十二字觀門一卷〈有梵字ゝ輪
可／爲異〉
119 釋陀羅尼文字［觀字（右傍挿入）］觀行法品一卷
120・轉法輪卉摧魔怨敵法一卷〈已上无帙名〉
121 　治安二年十一月十六日

122 故仁和寺僧正件御策子被返納日記請文
123 治安二年七月　日定額僧權律師延尋爲校本
124 書請借［件（右傍挿入）］御經藏卅帖御策子則於仁和寺觀
音院
125 開見之處本數卅帖雖有其員去延喜十八年般
126 若寺僧正被請納目錄之內多以紛失尋其由之處
127 前ゝ被借下件御策子之日只計策子惣數不記

128 納目錄近則去長和二年十二月十日與禪林寺僧正
129 凡僧別當覺空相共被開檢之日同計本數不
130 記子細仍此度全記目錄以後之紛失相副以返納
131 抑件策子本自是嚴重之上自今以後徒非［宗（右傍挿入）］
長
132 者之外輙不可開見非是挾心慳法只嚴祖師遺
133 跡之封而已
134 治安二年十一月十六日大學頭
135 別當大僧正
136 根本大和尚眞跡策子延喜十八年目錄ニ不ル入一請來ノ
137 經儀軌梵字等目錄
138 合
139・金剛瑜伽般若理趣經一卷
140・阿唎多羅阿魯力經一卷
141・普賢行願讃一卷
142・出生无邊門經一卷
143・大吉祥天女經一卷
144・底哩三昧耶經一卷
145・吉祥天女十二名號經一卷
146・金剛頂瑜伽卅七尊分別聖位法門一卷
147・金剛壽命陁羅尼經一卷
148 大雲輪請雨經一卷
149・蘘麌梨童女經一卷
150・稻蕛喩經一卷
151・大寶廣博樓閣經三卷
152・能淨一切眼陁羅尼經一卷
153 施焰口餓鬼陁羅尼經一卷
154・八大井曼荼羅經一卷
155 金剛頂蓮花部心念誦法一卷
156・金剛頂千手千眼觀自在念誦法一卷
157・无量壽如來念誦儀軌一卷

158・金剛頂勝初瑜伽普賢𦬇念誦法一卷
159・一字佛頂輪王念誦儀軌一卷
160・聖觀自在𦬇心眞言觀行儀軌一卷
161・甘露軍吒利瑜伽念誦法一卷
162・金剛頂瑜伽護摩儀軌一卷
163・大虛空藏𦬇所問經八卷
164　文殊師利佛刹莊嚴經三卷
165・金剛頂勝初瑜伽經中略出大樂金剛薩埵念誦儀軌一卷
166・大佛頂如來放光悉怛他鉢陁羅陁羅尼一卷
167　普遍光明大隨求陁羅尼經二卷
168・金剛頂超勝三界經說文殊五字眞言勝相一卷
169・大威怒烏蒭澁摩儀軌一卷
170・佛說摩利支天經一卷
171・大日經略攝念誦隨行法一卷
172・金剛頂瑜伽文殊師利𦬇儀軌供養法品一卷
173・曼殊室利童子𦬇五字瑜伽經一卷
174　文殊師利𦬇及諸仙所說吉凶時日善惡宿曜經二卷
175・修習般若波羅蜜𦬇觀行念誦儀軌一卷
176・觀自在大悲成就瑜伽蓮花部念誦法門一卷
177・大孔雀明王畫像壇場儀軌一卷
178・大聖天歡喜雙身毗那夜迦法一卷
179・觀自在𦬇如意輪瑜伽一卷
180・金剛頂瑜伽降三世成就極深蜜門一卷
181・釋迦牟尼佛成道在𦬆樹下降魔讚一卷
182・氷迦羅天經一卷
183・施諸餓鬼飮食儀軌一卷
184・梵天根地法一卷
185・大日經供養儀式一卷
186　蕤呬經三卷
187　　　已上四十八部六十三卷　大廣智譯
188・十力經一卷　　勿提犀魚譯
189　十地經九卷
190・廻向輪經一卷
191　　二部十卷尸羅達摩譯
192・大威力烏樞瑟摩明王經二卷
193・穢延金剛說神通大滿太ラニ法術靈要門一卷

194 　二部三卷无能勝譯
195 佛心經二卷　井留支譯
196 ・諸佛心陁羅尼經一卷
197 ・能滅衆罪千轉陁羅尼一卷
198 　二部玄奘譯
199 ・使呪法經一卷
200 毗那耶經一卷
201 ・金剛部元帥大將阿吒婆倶經三卷
202 ・文殊滅婬欲我慢陁羅尼一卷
203 　已上十二部廿四卷
204 　都合六十部八十七卷〈□□□□／□□□□〉
（以上墨消）
205 請來錄ノ不ニ載ル儀軌梵字等ノ卌帖策子ニ見在目錄
206 合
207 第九帙內
208 灑淨等胎藏界諸尊眞言幷護广眞言金剛歌讚等
209 大聖歡喜天經一卷
210 十八道頌次第

211 　第十四帙
212 經法儀軌等策子目錄
213 十五帙
214 用珠差別偈一卷
215 　第廿三帙
216 注尊勝陁羅尼一卷〈此策子初有［梵字四字］等六行餘／梵眞言後勘可知　又有尊勝眞／言初有爾時世尊知帝釋意心之所念等一行餘／長行與恆例本少異〉
217 　一帖〈无外題帙名〉
218 施諸餓鬼飮食及文殊井獻佛陁羅尼一卷
219 次訶利帝母梵字眞言
220 次梵字愛子眞言幷消息等有之
221 次施四天王食梵字眞言幷消息有之
222 次施不動尊梵字眞言幷消息有之
223 次梵字漢字（ミセケチ）　注八曼陁羅經
224 井結夏頌幷自恣頌〈但自恣頌與恆例異／是井自恣頌歟〉
225 大威德忿怒王根本眞言
226 次記世界有同類異類之由偈在之

227 次花嚴和尙講前廻向文〈願此音聲對／物變次等〉

228 一帖无外題帙名

229 大方廣佛花嚴經○四十二字觀門一卷〈有梵字私云與前本／歟但以有梵字輪可爲異〉

230 釋陁羅尼文字觀行品一卷〈後題云仁王般若波羅密多釋眞言〉

231 一帖外題云梵字眞言然多有漢語等

232 梵字世尊聖者千眼千首千舌千臂觀自在菩提薩埵

233 轉廣大圓滿无礙大悲心陁羅尼一本

234 梵字大金剛輪眞言一本

235 梵字不動慈救明一本

236 梵字十八道眞言等

237 梵字虛空藏轉明妃

238 梵字如意輪讃

239 梵字如意輪眞言

240 梵字甘露軍荼利眞言

241 梵字六足尊身眞言

242 梵字金剛摧碎眞言

243 梵字持世眞言

244 次有梵字大眞言〈[梵字七字]等云〻／若隨求歟可勘知之〉

245 梵字五牯眞言

246 梵字鈴眞言

247 梵字三牯眞言

248 梵字獨牯眞言

249 梵字金剛部羯磨眞言

250 梵字菩提莊嚴眞言

251 梵字芿莊嚴心眞言

252 梵字同隨心眞言〈下有功能義〉

253 梵字寶部羯磨眞言

254 梵字蓮花部羯磨眞言

255 梵字羯磨部羯磨眞言

256 梵字小金剛輪眞言

257 次有梵字眞言〈[梵字六字]／[梵字一字]云〻可勘知之〉

258 梵字金剛解脫眞言

259 次有梵字眞言可勘知之

梵字理趣道場十六井三昧耶
漢語吉慶讃
虵蝎等噬眞言
斷蚊子眞言
焚香散花香水偈
滅惡趣眞言一通〈私云例少異〉
破地獄眞言一通
已上

一交了

治承五年壬（閏）二月廿二日於嵯峨水本僧房
書寫了
金剛佛子靜幸

あとがき

本書の刊行に際して、格別のご高配を頂いた高野山西南院御当局に心より感謝申し上げる。尚、本書のうち『假名書き往生要集』の翻字及び索引は、編者が学習院大学大学院在学中に作成したものを土台としている。学恩を賜った故大野晋先生、土井洋一先生に深謝申し上げる。また、解説に記した財津永次氏の論文、西崎亨氏の著書より、多くのご教示を頂いた。ここに深く謝意を表したい。さらに、前社長坂本健彦氏、現社長石坂叡志氏はじめ、汲古書院の方々には種種お世話になり、分けても編集長の大江英夫氏には細部にわたってご配慮を頂いた。富士リプロ株式会社の方々にもお骨折りいただいた。皆様に厚く御礼を申し上げる。この他、多くのお世話になった方々にも心から感謝の意を表したい。最後に私事ではあるが、病床にあっても助言を惜しまなかった亡父築島裕にも感謝したい。

平成二十三年七月二十二日

月本直子

古典籍索引叢書　第五巻（第十二回配本）

高野山西南院藏本往生要集總索引

平成二十三年十月一日發行

監修者　築島裕
編者　月本直子
出版　古典研究會
發行者　石坂叡志
整版　富士リプロ株式会社
發行　汲古書院
102-0072 東京都千代田區飯田橋二-五-四
電話〇三(三二六五)九七六四
FAX〇三(三二二二)一八四五

©二〇一一

ISBN978-4-7629-3334-9 C3381